Privater Hausverkauf

Gebrauchsanleitung

Privater Hausverkauf

Erkenntnisquellen

Bibliografische Information der Deutschen Nationalbibliothek:
Die Deutsche Nationalbibliothek verzeichnet diese Publikation in der
Deutschen Nationalbibliografie; detaillierte bibliografische Daten sind
im Internet über dnb.dnb.de abrufbar.

Herausgeber: Michael Duttge
Autor: Michael Duttge
Buchgestaltung: Michael Duttge

Herstellung und Verlag: BoD – Books on Demand, Norderstedt

ISBN: 9783755701729

Inhalt

1   Einleitung

Mit dem vorliegenden Buch soll eine systematische Vorgehensweise für den privaten Verkauf eines Einfamilienhauses dargestellt werden, beginnend mit der Zusammenstellung und Digitalisierung erforderlicher Unterlagen bis hin zur Eigentumsumschreibung im Grundbuch.

Der Inhalt beschränkt sich auf Einfamilienhäuser (vgl. §§ 75, 181,
249 BewG), also freistehende Einfamilienhäuser, Doppelhaushälf-
ten und Reihenhäuser (vgl. § 22 BauNVO). Die Besonderheiten
anderer Grundstücksarten (Zweifamilienhäuser, Mietwohn-
grundstücke, Wohnungs- und Teileigentum, Geschäftsgrundstü-
cke, gemischt genutzte Grundstücke und sonstige bebaute
Grundstücke sowie Grundstücke mit Erbbaurecht und anderen
Rechten bzw. Lasten) werden hier nicht gesondert behandelt und
müssen deshalb ergänzend recherchiert werden.

Auch mögliche Alternativen (z. B. Vermietung) zu Ihren persönlichen Gründen für einen Hausverkauf (Wunsch nach einem klei-
neren oder altersgerechteren Zuhause, Befreiung von der Garten-
arbeit oder den Instandhaltungen, wirtschaftliche Gründe ...)
werden hier nicht besprochen.

Das vorangegangene Inhaltsverzeichnis spiegelt den Gang der
hier dargestellten Vorgehensweise wider. Die Überschriften sind
deshalb stichwortartig gehalten.

Angestrebt wurde eine möglichst vollzählige Wiedergabe der zu
berücksichtigenden Schritte. Auf eine besondere Vertiefung ein-
zelner Punkte wurde dann verzichtet, wenn entsprechende Inter-
netrecherchen ähnliche oder bessere Resultate kurzerhand liefern
können.

Folgende Voraussetzungen sollten zu Beginn der Lektüre u. a. erfüllt sein:

1. Sie haben die mögliche Wertsteigerung des Verkaufserlöses in Zeiten niedriger Zinsen der möglichen Wertsteigerung Ihrer Immobilie (ggf. zzgl. anfallender Mieteinnahmen) gegenübergestellt und abschließend bewertet.

2. Sie haben sich mit § 23 EStG sowie der Drei-Objekt-Grenze des BFH auseinandergesetzt.

3. Im Falle eines kreditbelasteten Hauses haben Sie mögliche Vorfälligkeitsentschädigungen bei Ihren Kreditgebern erfragt und in Ihren Entscheidungen berücksichtigt.

4. Bei einer eigengenutzten Immobilie haben Sie spätestens am Übergabetag eine neue Bleibe.

Wenn Sie nach diesen Prüfungen und Abwägungen Ihr Einfamilienhaus darüber hinaus selbst, also von privat verkaufen möchten, dann sollten noch folgende Voraussetzungen erfüllt sein:

1. Sie bevorzugen die Mehrarbeit eines Privatverkaufes der Zahlung einer Maklerprovision oder Maklercourtage.

2. Sie scheuen insbesondere bei nicht selbst bewohnten und auch bei weit entfernten Immobilien keine Durchführungen von Besichtigungen.

Auch wenn Sie bei den letzten Punkten noch unschlüssig sind: Einige Aufgaben müssen Sie auch in Begleitung eines Maklers selber erledigen. So ist z. B. eine möglichst vollständige und übersichtliche Dokumentation Voraussetzung für einen reibungslosen Ablauf des Verkaufsprozesses. Überspringen Sie diesen Punkt, erzeugen Sie Mehrarbeit und Verzögerungen im gesamten Ablauf. Das Buch beginnt deshalb mit einer Beschreibung zur Erstellung einer strukturierten Dokumentation.

2 Dokumente

2.1 Dokumente ordnen und digitalisieren

Versierte Kaufinteressenten, Finanzdienstleister potenzieller Käufer, Energieausweis-Aussteller und Notariate werden i. d. R. viele Unterlagen anfragen. Geben Sie vor dem Verkauf bzw. der Übergabe Ihrer Immobilie niemals Originale heraus, stellen Sie diese nur als PDF, JPG ... oder ggf. als Papierkopien zur Verfügung. Kennzeichnen Sie ggf. Kopien mit einem Wasserzeichen (vor dem Druck) oder einem Stempel (sofort nach dem Druck, damit nicht später versehentlich Originale als Kopien gekennzeichnet werden).

Aber auch für das Exposé und das Immobilieninserat benötigen Sie neben Fotos zumindest die Grundrisse und eine Flurkarte in einem digitalen Format, üblicherweise im PDF-Format.

Es empfiehlt sich deshalb eine Digitalisierung aller Dokumente bereits in der Anfangsphase, um sie o. g. Personenkreis während der Angebots- und Verkaufsphase ohne nennenswerten Aufwand zügig digital, z. B. per E-Mail, zur Verfügung stellen zu können.

Benennen Sie Ihre Immobilien-Dateien nach einer von Ihnen gewählten Nomenklatur, etwa wie folgt (siehe auch die nachfolgende Zusammenstellung benötigter Unterlagen):

H1_Oberbegriff_Unterbegriff(e)_ISO-Datum.pdf.

Die Vorteile einer solchen oder vergleichbaren Vorgehensweise sind:

1. Ein Präfix wie *H1* kennzeichnet das Dokument eindeutig als zur Immobilie gehörig und hilft beim Suchen von Dateien, die falsch abgelegt wurden: Geben Sie einfach in das

Suchfeld Ihres Dateimanagers „H1" ein und Sie erhalten alle die dem Hausprojekt zugeordneten Dateien aufgelistet.

2. Trennen Sie die Schlüsselwörter (Präfix, Oberbegriff, Unterbegriff(e) und ISO-Datum) mit einem Unterstrich, nicht mit einem Leerzeichen. Dadurch wird der Dateiname zusammengehalten und die Schlüsselwörter sind leicht lesbar.

3. Geben Sie allen Dateien einen sprechenden Ober- und einen oder mehrere Unterbegriffe in hierarchischer Reihenfolge (vgl. § 2 Abs. 2 ERVV):
   H1_Versicherung_Gebaeude_...pdf,
   H1_Versicherung_Hausrat_...pdf.
   Versicherung (Oberbegriff) steht hier hierarchisch über *Gebaeude* und *Hausrat* (Unterbegriffe).

4. Vermeiden Sie die Verwendung von Leerzeichen (s. o.), Sonderzeichen (außer „_" und „-"), Umlauten und des Eszett (ß). Einige Programme können damit nicht umgehen (vgl. auch BGH I 14.05.2020 I X ZR 119/18).

5. Verwenden Sie als Suffix das Erstellungsdatum (nicht das Scan-Datum) des originären Dokumentes im ISO-Format *YYYY-MM-DD*. Das ISO-Format *YYYYMMDD* ist schwer lesbar. Sie können so aus dem Dateinamen seine Aktualität ersehen. Mehrere Ausgaben eines Dokumentes werden darüber hinaus chronologisch sortiert.

6. Vermeiden Sie nachträgliche Änderungen der Namen. In Ihren obligatorischen regelmäßigen Datensicherungen tauchen ansonsten alte und neue Namen auf.

7. Sie können die Dateien in einem Ordner ablegen (z. B. Ordner *H1*) oder auf Unterordner verteilen (z. B. Hauptordner *H1*, Unterordner *Versicherungen* ...).

8. Versuchen Sie, ihre Papierdokumente ähnlich zu ordnen. Wichtige Dokumente sollten in Weichmacher-freien Klarsichthüllen aufbewahrt werden (z. B. PE-Hüllen).

Eine übersichtliche Ordnerstruktur mit sprechenden Dateinamen, die einer Nomenklatur folgen, erspart das Suchen von Dokumenten und mindert die Gefahr, dass sensible Dokumente mit unklarer Benennung versehentlich und ggf. mit unangenehmen Auswirkungen Ihren E-Mail-Ausgang verlassen.

Richten Sie nun Ihren Scanner ein:

1. Legen Sie auf Ihrem Speicherort einen Ordner in Anlehnung an das von Ihnen gewählte Präfix (hier *H1*) an.

2. Setzen Sie in Ihrer Scan-Software die Scan-Auflösung auf 300 dpi (150 dpi können unleserliche Stellen erzeugen, 600 dpi können für einen E-Mail-Versand übergroße Dateien generieren).

3. Bestimmen Sie in Ihrer Scan-Software den vorläufigen Speicherort für die Scans. Im hier verwendeten Beispiel den Ordner *H1*.

4. Definieren Sie in Ihrer Scan-Software den voreingestellten Namen für die Scans. Im hier verwendeten Beispiel *H1_* (mit Unterstrich). Die Dateinamen der Scans werden dann i. d. R. mit laufender Nummer von Ihrer Scan-Software ergänzt: *H1_001, H1_002, H1_003 …*

5. Scannen Sie die Dokumente. Größere Formate (DIN A3 bis DIN A0) können Sie preiswert und kurzfristig in Büromärkten oder Copyshops scannen lassen.

6. Benennen Sie die Scans in Anlehnung an die nachfolgende Nomenklatur um und verteilen Sie sie ggf. auf Unterordner.

Das Ganze könnte dann wie in der nachfolgenden Aufstellung aussehen. Diese Aufstellung dient zugleich als Checkliste für ggf. noch zu beschaffende oder zu scannende Dokumente.

H1_Abgaben_Abfall_YYYY-MM-DD.pdf
H1_Abgaben_Grundsteuer_Bescheid_YYYY-MM-DD.pdf
H1_Abgaben_Grundsteuer_Einheitswert_YYYY-MM-DD.pdf
H1_Abgaben_Grundsteuer_Messbetrag_YYYY-MM-DD.pdf
H1_Abgaben_Wasser_YYYY-MM-DD.pdf

H1_Anliegerbescheinigung_YYYY-MM-DD.pdf

H1_Bau_Ausstattungsbeschreibung_YYYY-MM-DD.pdf
H1_Bau_Baubeschreibung_YYYY-MM-DD.pdf
H1_Bau_Baugenehmigung_YYYY-MM-DD.pdf
H1_Bau_Baulastenauszug_YYYY-MM-DD.pdf
H1_Bau_Bauschein_YYYY-MM-DD.pdf
H1_Bau_Erschliessungsnachweis_YYYY-MM-DD.pdf
H1_Bau_Gebrauchsabnahmeschein_YYYY-MM-DD.pdf
H1_Bau_Grenzen_Einhaltung_YYYY-MM-DD.pdf
H1_Bau_Grundrisse_Garage_YYYY-MM-DD.pdf
H1_Bau_Grundrisse_Haus_DG_YYYY-MM-DD.pdf
H1_Bau_Grundrisse_Haus_EG_YYYY-MM-DD.pdf
H1_Bau_Grundrisse_Haus_KG_YYYY-MM-DD.pdf
H1_Bau_Grundrisse_Haus_OG_YYYY-MM-DD.pdf
H1_Bau_Negativbescheinigung_YYYY-MM-DD.pdf
H1_Bau_Schnitte_Garage_YYYY-MM-DD.pdf
H1_Bau_Schnitte_Haus_YYYY-MM-DD.pdf
H1_Bau_Umbauter-Raum_YYYY-MM-DD.pdf
H1_Bau_Wohn_Nutzflaechen_YYYY-MM-DD.pdf

H1_Energie_Fernwaerme_Abrechnung_YYYY-MM-DD.pdf
H1_Energie_Fernwaerme_Vertrag_YYYY-MM-DD.pdf
H1_Energie_Gas_Abrechnung_YYYY-MM-DD.pdf
H1_Energie_Gas_Vertrag_YYYY-MM-DD.pdf
H1_Energie_Strom_Abrechnung_YYYY-MM-DD.pdf
H1_Energie_Strom_Vertrag_YYYY-MM-DD.pdf

H1_Energieausweis_YYYY-MM-DD.pdf

H1_Flurkarte_YYYY-MM-DD.pdf

H1_Foto_EG_Kueche_nachSuedOst_YYYY-MM-DD.jpg
H1_Foto_EG_Schlafzimmer_nachWest_YYYY-MM-DD.jpg
H1_Foto_KG_Heizungsraum_nachNord_YYYY-MM-DD.jpg
...

H1_Grundbuch_Auszug_YYYY-MM-DD.pdf

H1_Grundsiel_Bescheinigung_YYYY-MM-DD.pdf
H1_Grundsiel_Reparatur_YYYY-MM-DD.pdf

H1_Gutachterausschuss_Anfrage_YYYY-MM-DD.pdf
H1_Gutachterausschuss_Kaufpreise_YYYY-MM-DD.pdf

H1_Internet_Vertrag_YYYY-MM-DD.pdf

H1_Liegenschaftsbuch_Auszug_YYYY-MM-DD.pdf
H1_Liegenschaftskarte_Abzeichnung_YYYY-MM-DD.pdf

H1_Loeschungsbewilligung_YYYY-MM-DD.pdf

H1_Mietkaution_YYYY-MM-DD.pdf
H1_Mietvertrag_YYYY-MM-DD.pdf

H1_Modernisierung_Dach_YYYY-MM-DD.pdf
H1_Modernisierung_Fenster_YYYY-MM-DD.pdf
H1_Modernisierung_Heizung_YYYY-MM-DD.pdf
H1_Modernisierung_Kueche_YYYY-MM-DD.pdf

H1_Schluessel_Bestand_YYYY-MM-DD.xlsx

H1_Schornstein_Feuerstaettenbescheid_YYYY-MM-DD.pdf
H1_Schornstein_Messbescheid_YYYY-MM-DD.pdf

H1_Uebergabeprotokoll_YYYY-MM-DD.pdf

H1_Verkehrswertgutachten_YYYY-MM-DD.pdf

H1_Versich_Gebaeude_Beitragsrechn_YYYY-MM-DD.pdf
H1_Versich_Gebaeude_Vertrag_YYYY-MM-DD.pdf
H1_Versich_Haftpflicht_Beitragsrechn_YYYY-MM-DD.pdf
H1_Versich_Haftpflicht_Vertrag_YYYY-MM-DD.pdf
H1_Versich_Hausrat_Beitragsrechn_YYYY-MM-DD.pdf
H1_Versich_Hausrat_Vertrag_YYYY-MM-DD.pdf

Nachfolgenden Schriftverkehr mit Behörden oder Versicherungen können Sie entsprechend ablegen. Finanzdienstleister und Notariate verlangen etwa neben dem Versicherungsschein für das

Gebäude regelmäßig einen Nachweis darüber, dass die Versicherung noch Bestand hat. Hierzu müssen Sie vom Versicherer ein Schreiben anfordern, in dem er Ihnen den aktuellen Versicherungsschutz bestätigt. Legen Sie diese Schreiben z. B. wie folgt ab:

H1_Versich_Gebaeude_VersSchutz_Anfrage_YYYY-MM-DD.pdf
H1_Versich_Gebaeude_VersSchutz_Nachweis_YYYY-MM-DD.pdf

2.2 Dokumente vervollständigen

Die nachfolgenden Unterlagen sollten in Ihren Dokumenten vorhanden sein. Daten aus dem Energieausweis etwa benötigen Sie für Ihre Inserate in kommerziellen Medien (Immobilienportalen …), vgl. § 87 GEG. Bei einigen Dokumenten ist auch die Aktualität wesentlich. Für die Beantragung dieser Dokumente muss regelmäßig ein Nachweis über ein berechtigtes Interesse vorgelegt werden. (Grundbuchauszug, Erbschein-Kopie …).

Anliegerbescheinigung

Anliegerbescheinigungen weisen möglicherweise bestehende Beitragspflichten für Erschließungsleistungen, Straßenausbaubeiträge u. a. aus. Man erhält sie bei der Gemeinde-, Amts- oder Stadtverwaltung.

Baulastenverzeichnis

Einen aktuellen Auszug (Aktualität ist wesentlich) aus dem Baulastenverzeichnis erhalten Sie auf Antrag bei der zuständigen Bauaufsichtsbehörde (Bauamt, Rathaus …). Das Baulastenverzeichnis wird vom Notariat gewöhnlich nicht eingesehen. Sie sollten es deshalb für Nachfragen seitens der Interessenten bereithalten.

Bauunterlagen

Einsicht in Ihnen fehlenden Bauunterlagen erhalten Sie auf Antrag bei der zuständigen Bauaufsichtsbehörde (Bauamt, Rathaus ...). Gelegentlich steht ein gebührenpflichtiger Scan- oder Kopierservice zur Verfügung. Andernfalls können die Bauunterlagen ggf. auch abfotografiert werden. Bringen Sie dann zum vereinbarten Termin ein Smartphone oder eine geeignete Kamera (vorzugsweise mit Stativ) mit.

Denkmalliste (wenn erforderlich)

Viele Denkmallisten können im Internet abgerufen werden.

Energieausweis

Ein Energieausweis kann u. a. beim zuständigen Bezirksschornsteinfeger angefragt werden. Dieser erklärt Ihnen, ob Sie einen Energiebedarfsausweis oder einen Energieverbrauchsausweis benötigen.

Grundbuchauszug (alle Abteilungen)

Einen vollständigen aktuellen Grundbuchauszug (Aktualität ist wesentlich) erhalten Sie auf Antrag beim zuständigen Grundbuchamt.

Liegenschaftsbuch, -karte (Flurkarte, Katasterkarte).

Einen Auszug aus der Liegenschaftskarte und dem Liegenschaftsbuch erhalten Sie auf Antrag beim zuständigen Liegenschaftsamt (Vermessungsamt, Katasteramt ...).

Löschungsbewilligung (wenn erforderlich)

Die Zustimmung zur Löschung eines Grundbuchrechts (zur Löschung eines als Kreditsicherheit dienenden Grundpfandrechts) erhalten Sie beim entsprechenden Kreditgeber.

2.3 Grundrisse

Grundrisse sind für einen Immobilienverkauf obligatorisch: Bemaßte Grundrisse liefern zwingend benötigte Information an den Interessenten und dienen der Nachvollziehbarkeit der Wohn- und Nutzflächenberechnungen (siehe Kapitel: *Exposé*). Eine dezente Bemaßung und eine farbige Darstellung der Fußbodenbeläge (z. B. Badezimmer in einem hellen Blau) verbessern darüber hinaus die Orientierung beim gedanklichen Rundgang durch das Haus. Ein Nordpfeil und ein Schriftfeld sind obligatorisch.

Vor diesem Hintergrund sollten alte s/w-Grundrisse mit sog. behördlichen Grüneintragungen ggf. durch neue CAD-Zeichnungen ersetzt werden. Fehlen Ihnen Grundrisse, fragen Sie beim Bauamt nach der Möglichkeit, Kopien, Scans oder Fotos zu beziehen.

Die günstigste Variante für wertige, ansprechende Grundrisse sind natürlich selbsterstellte CAD-Zeichnungen im DXF- oder DWG-Format. Für 2D-Applikationen sind kostenlose Open-Source-Programme völlig ausreichend. Diese Vorgehensweise setzt allerdings einfache CAD-Kenntnisse voraus.

Überlegen Sie deshalb, ob Sie hier auf Online-Dienstleister zurückgreifen, die neben der Erstellung von Grundrissen und Schnitten auch die Erstellung von Exposés und virtuellen Rundgängen (s. u.) zu transparenten und moderaten Festpreisen anbieten – falls Sie ein Komplettpaket beziehen möchten.

Zumindest aber eine einfache Aufwertung alter s/w-Grundrisse sollte in Betracht gezogen werden: die Kolorierung von Kopien der s/w-Grundrisse (nicht der Originale!) mit Buntstiften – das Bad z. B. in einem hellen Pastellblau.

H1_Bau_Grundrisse_Haus_EG_YYYY-MM-DD_koloriert.pdf

2.4 Energieausweis

Energieausweise dienen ausschließlich der Information über die energetischen Eigenschaften eines Gebäudes und sollen einen überschlägigen Vergleich von Gebäuden ermöglichen (§ 79 Abs. 1 Satz 1 GEG). Es gibt zwei Arten von Energieausweisen: Energiebedarfsausweis und Energieverbrauchsausweis.

Gebäude, die das Anforderungsniveau der Wärmeschutzverordnung vom 11. August 1977 nicht erfüllen, benötigen regelmäßig den aufwendigeren Energiebedarfsausweis, der auf der Grundlage des berechneten Energiebedarfs ausgestellt wird. Hierfür müssen Sie Unterlagen zum Gebäude und zu Modernisierungsmaßnahmen vorab oder ggf. beim obligatorischen Vor-Ort-Termin bereithalten, Details hierzu liefert der Aussteller. Energiebedarfsausweise kosten zurzeit etwa 300 EUR.

Gebäude, die das Anforderungsniveau der Wärmeschutzverordnung vom 11. August 1977 erfüllen, benötigen i. d. R. „nur" einen Energieverbrauchsausweis, der auf der Grundlage des erfassten Energieverbrauchs ausgestellt wird. Hierfür müssen Sie die Verbrauchsabrechnungen über einen zusammenhängenden und jüngeren Zeitraum von 36 Monaten zur Verfügung stellen, Details hierzu liefert der Aussteller. Ein Vor-Ort-Termin ist grundsätzlich nicht erforderlich. Energieverbrauchsausweise kosten zurzeit etwa 50 EUR.

Seite 1 enthält allgemeine Angaben, Seite 2 die Energiebedarfswerte, Seite 3 die Energieverbrauchswerte und Seite 4 die Empfehlungen des Ausstellers. Der ausgewiesene *Primärenergiebedarf* beinhaltet den *Endenergiebedarf* plus die vorgelagerten Energieverbräuche für Erzeugung und Lieferung. Bei Gebäuden, die ausschließlich mit Öl oder Gas beheizt werden, gilt: Primärenergiebedarf größer Endenergiebedarf. Ab einem bestimmten Anteil an regenerativer Energie kehrt sich das Verhältnis um. Diese Kennwerte beziehen sich nicht auf die Wohnfläche, sondern auf die Gebäudenutzfläche, Berechnung siehe DIN V 18599-1:2018-09.

Liegt ein Energieausweis vor, dann muss ein Immobilieninserat folgende Angaben enthalten (§ 87 GEG):

1. die Art des Energieausweises:
   Energiebedarfsausweis oder Energieverbrauchsausweis,

2. den Wert des Endenergiebedarfs oder des Endenergieverbrauchs für das Gebäude,

3. die im Energieausweis genannten wesentlichen Energieträger für die Heizung des Gebäudes: Öl, Erdgas, Fernwärme ...,

4. bei einem Wohngebäude das im Energieausweis genannte Baujahr und

5. bei einem Wohngebäude die im Energieausweis genannte Energieeffizienzklasse *A+, A, B ... H.*

In einem Online-Immobilienportal kann der Energieausweis dem Inserat als PDF beigefügt werden. Spätestens aber bei der Besichtigung müssen Sie dem Interessenten den Energieausweis oder eine Kopie hiervon vorlegen (vgl. § 80 Abs. 4 S. 1 GEG). Sie benötigen somit für den Verkauf Ihrer Immobilie grundsätzlich einen Energieausweis, der u. a. beim zuständigen Bezirksschornsteinfegermeister angefragt werden kann.

Übrigens stellen viele Netzbetreiber oder Stadtwerke für Strom und Gas dem Endverbraucher nach Registrierung in einem kostenlosen Portal die historischen Jahresverbräuche zur Verfügung. Hierauf kann man elegant zurückgreifen, wenn Interessenten nach den Energieverbräuchen fragen.

3 Instandhaltung

3.1 Formen der Instandhaltung

Der Begriff *Instandhaltung* ist ein Oberbegriff, unter dem Unterbegriffe wie *Wartung, Inspektion, Instandsetzung* und *Verbesserung* (DIN 31051) oder *vorbeugende Instandhaltung* und *korrektive Instandhaltung* (DIN EN 13306) usw. subsumiert werden.

Der Begriff *Modernisierung* wird in § 555b BGB erläutert, der Begriff *Schönheitsreparatur* in § 28 Abs. 4 der Zweiten Berechnungsverordnung – II. BV usw.

Hier dagegen werden umgangssprachliche Begriffe verwendet, die auch in Inseraten und Exposés Einzug gefunden haben.

3.2 Reinigung

Eine Reinigung ist insoweit erforderlich, damit Interessenten nicht hinter einem sichtbar ungereinigten Zustand Mängel vermuten. Ein vermeidbares Risiko, welches sich mit geringem Aufwand vermeiden lässt.

Es empfiehlt sich daher, eine Grundausstattung an Reinigungsgeräten und -mitteln sowie z. B. Leuchtmitteln während der Besichtigungs- und Verkaufsphase im Haus bereitzuhalten. Eine übliche Klausel im Notarvertrag besagt, dass der Verkäufer bis zur Übergabe den Zustand des Hauses zu erhalten hat. Entsprechendes gilt für den Garten und die Bereitstellung von entsprechenden Gartengeräten. Interessenten werden bereits vor einer Besichtigung die Lage – und sofern möglich – den Garten begutachten und Vorentscheidungen treffen.

3.3 Home Staging vs. Räumung

Setzen Sie Ihre Immobilie in Szene. Ziel ist es, die Wertigkeit Ihrer Immobilie durch Maßnahmen der Innenarchitektur zu unterstreichen. Auch soll der Interessent geschmeichelt werden, eine Chance erhalten, seine persönlichen Einrichtungsvorstellungen während der Besichtigung gedanklich frei entfalten zu können.

Unordnung und Reizüberflutungen (volle Wäschekörbe im Keller, benutztes Geschirr in der Küche, Zahnputzbecher-Sammlungen auf einer Badablage, persönliche Bilder im Schlafzimmer) lenken den Interessenten von seinen Kauf-Träumen ab. Solche „Arrangements" können beim Interessenten Verwirrung auslösen.

Bei noch bewohnten Immobilien reduziert sich Home Staging meistens auf eine Reinigung, der Beseitigung von Unordnung und dem Arrangement von Möbeln, Gardinen, Accessoires usw.

Unbewohnte Immobilien dagegen sollten ggf. von persönlichen Dingen wie Schlafzimmerbetten – also von Dingen, die ein Käufer regelmäßig nicht übernehmen möchte – befreit werden.

Die Entfernung aller Möbel empfiehlt sich nicht, wenn Sie folgenden Aspekt würdigen möchten: Interieur unterliegt grundsätzlich nicht der Grunderwerbssteuer (FG Köln | 08.11.2017 | 5 K 2938/16) und kann bei deren Ermittlung aus dem Verkaufspreis herausgerechnet werden. Beispiel: Grunderwerbssteuer 6,5 %, Haus 400.000 EUR, darin enthaltene und verbleibende Möbel und Markise für 10.000 EUR, Bemessungsgrundlage für Grunderwerbssteuer 390.000 EUR, Ersparnis 6,5 % x 10.000 EUR = 650 EUR. Der Beleihungswert mindert sich aber entsprechend und könnte leicht höhere Kreditzinsen implizieren. Der Kaufinteressent sollte diese Aspekte mit seinem Finanzdienstleister und dem Notariat besprechen.

3.4 Renovierung

Renovierungen sind zeitlich und monetär überschaubare Instand-haltungen, die in der Regel mit Eigenleistungen durchgeführt werden können. Der Schwerpunkt bei Renovierungen liegt auf sog. Schönheitsreparaturen:

Schönheitsreparaturen umfassen nur das Tapezieren, Anstreichen oder Kal-ken der Wände und Decken, das Streichen der Fußböden und der Heizkörper einschließlich Heizrohre, der Innentüren sowie der Fenster und Außentüren von innen. (§ 28 Abs. 4 Satz 3 II. BV)

Trotzdem kosten sie Zeit und Geld und müssen den Geschmack der Interessenten treffen. Sie können eine Fehlinvestition sein und man kann mit ihnen ggf. Verschlechterungen oder Schäden her-beiführen. Sie können auf der anderen Seite aber auch einen ent-scheidenden ersten guten Eindruck bewirken. Die Sache ist Fall-abhängig und kann hier nicht abschließend behandelt werden.

Bei leerstehenden Immobilien empfiehlt es sich aber, Werkzeug im Haus vorzuhalten. Leerlaufzeiten zwischen Besichtigungster-minen können für kleine Renovierungen genutzt werden.

Insbesondere Auslegeware, Teppiche und Gardinen können im Laufe der Jahre Gerüche angenommen haben, die dem Inneren ei-ner Immobilie eine unvorteilhafte Note geben. Hier wäre eine Ent-fernung solcher Sachen zu überdenken.

3.5 Sanierung

Sanierungen dagegen sind zeitlich und monetär umfangreichere Instandhaltungen, die nicht zwingend mit Eigenleistungen durchgeführt werden können. Hier liegt der Schwerpunkt auf Mängelbeseitigungen.

Hierzu zählen etwa die Beseitigung von Schimmel, die Abdichtung eines Daches oder die Entfernung von asbesthaltigen Baumaterialien.

Bei Sanierungen werden Sie neben Ihrer privaten Maklertätigkeit zum kleinen oder großen Bauunternehmer. Es ist ein eigenes, hier nicht behandeltes Kapitel, welches die zu investierende Zeit für Planung und Durchführung, das einzusetzende Kapital für die Mängelbeseitigung, das unternehmerische Risiko sowie den späteren Verkaufszeitpunkt der dann hoffentlich erzielten Wertsteigerung gegenüberstellt und bewertet.

Des Weiteren sollten Sie überlegen, ob Sie mit einer Sanierung tatsächlich einen kaufkräftigeren Interessentenkreis gewinnen. Der Erhaltungszustand ist nur ein Kriterium neben vielen anderen für den erzielbaren Preis eines Hauses (siehe Kapitel: *Grundstücksbewertung*).

3.6 Modernisierung

Gem. § 555b BGB sind Modernisierungsmaßnahmen nachhaltige Verbesserungen zum Zwecke der Energiebilanz und der Wohnqualität. Der Schwerpunkt bei Modernisierungen liegt also auf der Anpassung an den sog. *Stand der Technik*. Der Energieausweis gibt ggf. Hinweise auf mögliche nachhaltige Modernisierungsmaßnahmen. Ein Grund, diesen rechtzeitig zu beantragen.

Auch mit einer Modernisierung werden Sie zum Investor, es sind vergleichbare Überlegungen nötig wie bei der Sanierung.

3.7 Geräte und Material für die Instandhaltung

Nachfolgend eine nicht abschließende Liste für Geräte und Material zur Vorbereitung einer Immobilie für Besichtigungen:

Arbeitsmittel	- Werkzeugkiste mit Werkzeug
	- Akku-Schrauber mit Bit-Set
	- Bohrmaschine mit Bohrer-Set
	- Wasserwaage
	- LED-Taschenleuchte
	- Verlängerungskabel
	- Staubsauger
	- Besen und Kehr-Set
	- Bodenwischer mit Eimer
	- Rasenmäher
	- Gartengeräte
	- Schneeschaufel
	- Zeitschaltuhren für Beleuchtung
Verbrauchsmaterial	- Schreibzeug
	- Mülltüten
	- Papiertücher
	- Putzlappen
	- Reinigungsmittel
	- Zitronensäure (für Kalkreste)
	- Staubsaugerbeutel
	- Leuchtmittel
	- Sicherungen
	- Batterien für eingesetzte Geräte
	- Band
	- Klebeband
	- Kabelbinder
	- Schrauben, Muttern, Nägel, Dübel
	- Elektro-Federkraftklemmen
	- Schlauchschellen
	- Streugut

Reinigung	- Haus lüften
	- defekte Leuchtmittel austauschen
	- Müll entfernen
	- Räume aufräumen
	- Überflüssiges entsorgen
	- staubsaugen
	- Küche reinigen
	- Sanitärbereiche reinigen
	- Fenster reinigen
	- Rasen mähen
	- Laub fegen
	- Garten aufhellen
	- Balkonkästen mit Pflanzen bestücken
Home Staging	- persönliche Dinge entfernen
	- Möbel und Accessoires arrangieren
Renovierung:	- defekte Lichtschalter reparieren lassen*
	- Fenstermechaniken gängig machen
	- Rollläden und Jalousien konditionieren
	- Farbanstriche ausbessern
	- riechende Auslegeware entfernen
	- Heizung entlüften

*) durch eine Elektrofachkraft

4 Datenschutz und Urheberrecht

Bei der Erstellung der Fotos, Videos, Exposés und Inserate sind Datenschutz und Urheberrecht zu beachten. Nachfolgende Beispiele dürften regelmäßig als kritisch zu beurteilen sein:

1. Die Veröffentlichung von Fotos in Inseraten, Exposés ..., welche Gesichter, Autokennzeichen, Nachbarhäuser ... Dritter enthalten. Pixeln Sie ggf. solche Elemente in den Fotos.

2. Die Veröffentlichung persönlicher Angaben Dritter (z. B. von Nachbarn) in Inseraten, Exposés ...

3. Die Weiterleitung sensibler Daten von Interessenten ohne deren Einwilligung an Dritte (Notare ...). Bitten Sie die Interessenten, solche Daten selber zu übersenden.

4. Das Sammeln von Interessenten-Daten (etwa in einer Kalkulationstabelle), welche Rückschlüsse auf konkrete Personen und deren persönlichen Daten erlauben.

Urheberrechtlich sind folgende Handlungen kritisch:

1. Die Veröffentlichung oder Weiterleitung einer Flur- oder Straßenkarte ohne Zustimmung des Urhebers.

2. Das Kopieren von Texten aus dem Internet für eigene Formulierungen im Exposé oder Inserat.

Diese nicht abschließende Aufzählung dient lediglich einer Sensibilisierung gegenüber den personenbezogenen Daten von Interessenten und dem geistigen Eigentum Dritter.

Berücksichtigen Sie auch, dass es Websites gibt, die Inhalte von anderen Websites (z. B. Anzeigen von Immobilienportalen) sammeln, archivieren und veröffentlichen.

5 Fotos, Videos und virtuelle Rundgänge

5.1 Fotos

Machen Sie möglichst im Frühjahr oder Sommer bei hellem Licht und gutem Wetter viele Fotos vom Haus und einem blühenden Garten. Vermeiden Sie „düstere" Fotos. Entfernen Sie persönliche Dinge und richten Sie Garten und Räume (insbesondere Küche, Bad und Gäste-WC) einigermaßen her, um einen neutralen und aufgeräumten Eindruck zu vermitteln. Später (z. B. nach einer Räumung, Renovierung …) können Sie immer noch weitere Fotos machen – dann ist aber ggf. der Garten verblüht und der Himmel durchgehend bewölkt.

Immobilienportale geben Fotos überwiegend im 4:3-Format wieder. Stellen Sie Ihre Kamera entsprechend ein, wenn Sie einen nachträglichen Zuschnitt der Bilder vermeiden wollen. Panorama-Fotos wirken übrigens auf manche Interessenten wie gewollte Täuschungen, da sie Räume größer erscheinen lassen.

Interessenten wollen das gesamte Haus sehen: vom Keller bis zum Dachgeschoss. Auch wenn Sie nicht alle Fotos später im Exposé veröffentlichen, können Sie aus Ihrem Vorrat weitere Fotos auf Anfrage versenden. Vermeiden Sie immer, Dinge zweimal machen zu müssen. Machen Sie also viele Fotos und bearbeiten Sie sie ggf. mit einer Bildbearbeitungssoftware, siehe unten.

Folgen Sie bei der Benennung der Bilddateien der oben beschriebenen bzw. Ihrer eigenen Nomenklatur. Der Betrachter kann dann über den Dateinamen auf den Bildinhalt schließen:

H1_Foto_EG_Kueche_nachSuedOst_YYYY-MM-DD.jpg

Aus dem Dateinamen geht das Geschoss, die Räumlichkeit, der Blickwinkel und das Aufnahmedatum hervor. Das Schlüsselwort

„Foto" mag redundant zur Dateinamenserweiterung erscheinen, dient aber der Sortierung in Ihrem Dateimanager. Überlassen Sie es also dem Dateinamen, das Bild zu erläutern – Sie ersparen sich dadurch die entsprechenden Anmerkungen.

Berücksichtigen Sie die Empfehlungen des Kapitels *Instandhaltung* vor der Erstellung der Bilddokumente. Ziehen Sie neben einer großen Anzahl von Fotos ggf. die Erstellung einer Videoaufnahme oder eines virtuellen Rundganges in Betracht, wenn Sie die Anzahl der Besichtigungstermine durch solche Tools reduzieren möchten.

Realitätsferne Verschönerungen Ihrer Bilddokumente mit einer Bildbearbeitungssoftware können Enttäuschungen beim Interessenten während einer Besichtigung hervorrufen. Einige Dinge müssen aber gemacht werden:

1. Datenschutz-Konformität herstellen: Gesichter, Kfz-Kennzeichen und persönliche Dinge Dritter, ggf. auch Hausnummernschilder und Nachbarhäuser pixeln.
2. Horizontale und vertikale Linien zu den Bildrändern vermitteln (Bild drehen), ggf. Kontrast und Helligkeit korrigieren.
3. Bildgröße ggf. auf ein passendes Format zuschneiden: Immobilienportale verwenden überwiegend das Format 4:3.
4. Datei auf eine für E-Mails geeignete Größe reduzieren: z. B. auf 1024 Pixel x 768 Pixel.

Speichern Sie das bearbeitete Foto unter einem erweiterten Dateinamen: ursprünglicher Dateiname + Suffix (z. B. „_A"),

H1_Foto_EG_Kueche_nachSuedOst_YYYY-MM-DD_A.jpg.

Überschreiben Sie keine originären Dateien. Wenn doch, greifen Sie auf Ihre Datensicherung zwecks Wiederherstellung zurück.

5.2 Videos

Ein kurzes, gut gemachtes Video mit einem Smartphone kann erste Besichtigungstermine ersetzen und stellt neben dem Exposé ein hervorragendes Vermarktungstool dar. Sie können auf Videoportalen oder Ihrer eignen Website eingestellt und mit dem Exposé oder einem Inserat verlinkt werden. Videos kosten aber auch Zeit sowohl in der Herstellung als auch in der erforderlichen Bearbeitung am PC. Nachfolgend einige Hinweise, die die Qualität solcher Aufnahmen steigern können:

1. Entwerfen Sie ein kurzes Drehbuch für einen etwa dreiminütigen Videoclip. Der Interessent soll z. B. von der Straße aus durch das Haus in der Reihenfolge Vorgarten, Eingangstür, Erdgeschoss, Obergeschoss, Dachgeschoss, Keller und Garten ohne hektische Sprünge geführt werden. Hektik assoziiert Unsicherheit.

2. Wählen Sie eine geeignete Wetterlage. Regentage sind eher ungeeignet, Sonnentage können störende harte Schatten in den Räumlichkeiten erzeugen, leicht bewölkte Tage dagegen können geeignet sein. Innenaufnahmen kurz nach Sonnenaufgang oder kurz vor Sonnenuntergang (sog. goldene Stunden) strahlen Wärme aus, Außenaufnahmen kurz vor Sonnenaufgang oder kurz nach Sonnenuntergang (sog. blaue Stunden) können die eingeschaltete Beleuchtung des Hauses und des Gartens stimmungsvoll wiedergeben.

3. Sorgen Sie vor der Videoaufnahme für ausreichende, gleichmäßige Lichtverhältnisse in den Räumen, schalten Sie ggf. das Licht in einzelnen Räumen ein.

4. Arbeiten Sie mit der AE/AF-Sperre Ihres Smartphones, um ein Springen des Fokus, der Belichtung und des

Weißabgleiches zu vermeiden. Informieren Sie sich hierzu in der Bedienungsanleitung Ihres Smartphones.

5. Mit Slow Motion-Aufnahmen, vorzugsweise unter Verwendung eines Gimbals, können Sie eine ruhige Besichtigungstour mit Zeit zum Verweilen in den einzelnen Räumlichkeiten erzeugen. Interessenten erwarten Slow Motion, damit sie Informationen entspannter verarbeiten können.

6. Bewegen Sie sich während der Videoaufnahme so, wie ein Interessent sich bewegen würde: ruhig, langsam, immer vorwärtsgehend. Bleiben Sie vor dem Betreten eines Raumes kurz stehen und machen Sie einen langsamen Schwenk durch den Raum, um einen Überblick einzufangen. Halten Sie die Kamera immer in Augenhöhe. Die Kamera soll Bewegungen und Blickwinkel der Interessenten ersetzen.

7. Filmen Sie in einem Raum vorzugsweise nahe von den Wänden aus, um viele Informationen einzufangen. Interne oder externe Weitwinkel unterstützen diesen Effekt. Kaum ein Interessent stellt sich in die Mitte eines Raumes und dreht sich um 360 Grad, um Eindrücke zu sammeln (siehe aber hierzu auch das nächste Kapitel *Virtuelle Rundgänge*).

8. Untermalen Sie unbedingt Innenaufnahmen mit lizenzfreier und ruhiger Musik, Außenaufnahmen mit Naturklängen (Vogelgezwitscher …). Blenden Sie dezent erläuternde Untertitel (*Küche, Wohnzimmer, Bad* …) ein.

9. Betriebssysteme stellen oft kostenlose Videoschnittsoftware zur Verfügung, die auch Audiospuren einbinden können.

Die Kosten (ggf. für Gimbal und Weitwinkel) können geringgehalten werden. Das Manko ist der Zeitaufwand.

Drohnenaufnahmen könnten als Intro oder Abspann eingebunden werden. Dem Datenschutz (Aufnahmen von Nachbargrundstücken) fällt hier eine besondere Bedeutung zu. Der Nutzen ist vor dem Hintergrund der Kosten, des Zeitaufwands und eines öffentlichen Internet-Zuganges zu Satellitenbildern abzuwägen.

5.3 Virtuelle Rundgänge (360°)

Virtuelle Rundgänge (auch 3-D- oder 360°-Rundgänge) führen den Interessenten am Bildschirm interaktiv durch Haus und Garten. Zwei Beispiele für virtuelle Rundgänge finden Sie unter:

https://virtualtour.deutsches-museum.de/
https://www.marzipano.net/demos.html

Hausbesichtigungen werden Ihre Zeit in Anspruch nehmen. Da bieten sich Alternativen wie virtuelle Rundgänge an: Sie können die ersten Besichtigungstermine der Interessenten möglicherweise ersetzen und i. V. m. einem guten Exposé den Kreis möglicher Interessenten auf potenzielle Käufer eingrenzen. Die Anzahl der Besichtigungen kann dadurch positiv reduziert werden. Virtuelle Rundgänge sind ein starkes Verkaufstool, erfordern allerdings einige Voraussetzungen.

Erzeugt wird ein virtueller Rundgang mit einer 360°-Software aus den 360°-Aufnahmen einer speziellen 360°-Kamera. Pro Raum ist mindestens eine Aufnahme erforderlich. Die Software bearbeitet diese Bilder und fügt sie so zusammen, dass der Betrachter sich am Bildschirm interaktiv sowohl im Raum als auch von Raum zu Raum bewegen kann – ähnlich wie in immersiven Computerspielen. Im Gegensatz zu herkömmlichen Panorama-Bildern decken diese Bilder die 360° nicht nur horizontal, sondern auch vertikal ab.

Der so mit einer solchen 360°-Software aus den 360°-Bildern erstellte virtuelle Rundgang besteht aus einer Sammlung aus HTML-, CSS-, JS- und natürlich PNG- und JPG-Dateien und kann nur in einem Webbrowser betrachtet werden. Eine Betrachtung virtueller Rundgänge in einem herkömmlichen Mediaplayer ist aufgrund seiner Komplexität nicht möglich. Deshalb muss der virtuelle Rundgang auf einem Webserver ausgelagert werden, damit er von Interessenten in einem Webbrowser aufgerufen werden kann. Die Bereitstellung von Webspace auf einem Webserver durch einen Internetprovider nennt man Webhosting. Da Internet-Provider für Webhosting i. d. R. monatliche Beiträge verlangen, sind virtuelle Rundgänge regelmäßig mit monatlichen Kosten verbunden (es sei denn, man besitzt freien Webspace).

Theoretisch wäre es möglich, diese Dateien dem Interessenten zukommen zu lassen, damit er sie lokal im Webbrowser aufrufen kann. Dann würde man sich das Webhosting sparen. Webbrowser erlauben aber mittlerweile nur eingeschränkt Zugriffe auf eigene, lokal gespeicherte Dateien. Davon abgesehen wäre diese Art der Vermarktung nicht besonders kundenfreundlich. Auch die Verwendung lokaler Test-Server oder älterer Browser, die das möglich machen, wird hier als nicht zumutbar für den Interessenten angesehen und deshalb nicht weiter beschrieben.

Befindet sich also nun der virtuelle Rundgang auf einem Webserver eines Providers, kann die zugehörige Webadresse in einem Inserat oder Exposé eingebunden oder den Interessenten mitgeteilt werden. Virtuelle Rundgänge sind also keine JPG- oder MP4-Dateien, die man posten und in einem Mediaplayer öffnen kann.

Bei fehlendem Webspace oder HTML/CSS-Wissen gibt es die Möglichkeit, auf einen Online-Dienstleister zurückzugreifen, der neben der Erstellung von Grundrissen, Schnitten, Exposés auch die Erstellung von virtuellen Rundgängen inkl. des Webhostings zu transparenten und moderaten Festpreisen anbietet. Auch einige Immobilienportale bieten virtuelle Rundgänge bereits an. Jeder Service ist aber regelmäßig an monatliche Kosten für das Webhosting bzw. für das Inserat gebunden.

Falls Sie über Webspace eines Webservers und HTML/CSS-Kenntnisse verfügen, dann erfahren Sie jetzt, wie Sie kostengünstig und sehr schnell einen virtuellen Rundgang am Beispiel der Open-Source-Software *Marzipano* erstellen können. Marzipano wird lokal im Browser ausgeführt, d. h. Ihre Bilder werden auch zwischenzeitlich nicht auf einen fremden Server hochgeladen (Quelle: https://www.marzipano.net/tool/, Abruf: Oktober 2021). Das ist für viele Anwender ein ausschlaggebendes Kriterium. Außerdem ist die Nutzung zurzeit kostenlos.

1. Erforderlich sind eine 360°-Kamera (zz. erhältlich ab wenige 100 EUR) sowie Kenntnisse über deren i. d. R. überschaubare Bedienung. Die deutlich umständlichere Alternative mittels eines Smartphones wird hier nicht erläutert.

2. Benötigt wird auch ein Fotostativ mit Kugelgelenkkopf und integrierter Wasserwaage (erhältlich zz. unter 50 EUR).

3. Montieren Sie die Kamera auf das Stativ und stellen Sie das Stativ in die Mitte des Raumes, aber nicht vor spiegelnden Flächen (ansonsten sieht man Stativ und Kamera in der Aufnahme).

4. Richten Sie das Stativ so ein, bis sich die Kameralinsen in durchschnittlicher Augenhöhe befinden (also etwa in 1,6 m über Boden).

5. Damit die 360°-Kamera möglichst wenig vom Stativ ablichtet, sollten die Stativbeine nur so weit wie nötig auseinandergeklappt werden. Das Stativ steht u. U. stabiler, wenn Sie die

Mittelsäule herausfahren und die Stativbeine entsprechend einfahren.

6. Richten Sie die Kamera mithilfe der Stativ-Wasserwaagen aus.

7. Erstellen Sie von jedem Raum gemäß der Bedienungsanleitung der Kamera ein 360°-Foto. Damit Sie nicht auf den Fotos abgelichtet werden, nutzen Sie den Selbstauslöser oder die Mobile App für die Fernbedienung. Während der Aufnahme sollten Sie also in einem anderen Raum verweilen. Es wird vorausgesetzt, dass die Räume frei von persönlichen Dingen und entsprechend hergerichtet sind. Das gilt bei 360°-Aufnahmen auch für Böden und Decken.

8. Laden Sie die Fotos auf Ihren PC.

9. Öffnen Sie https://www.marzipano.net/tool/.

10. Folgen Sie den Anweisungen des Programmes oder informieren Sie sich vorab über die recht einfache Bedienung im Internet. Nutzen Sie unbedingt die Einbindung von Hotspots im virtuellen Rundgang für weitere Informationen.

11. Als Ergebnis halten Sie den virtuellen Rundgang als ZIP-Datei, die entpackt den Ordner *app-files* enthält. Nicht den Ordner, sondern seinen Inhalt laden Sie mit einem FTP-Programm auf Ihren Webspace. Der Rundgang wäre jetzt bereits abrufbar unter der URL ihres Webspace.

12. Die Dateien *index.html* und *style.css* müssen jetzt noch Ihren Bedürfnissen angepasst werden (Titel, Frame, Impressum, Datenschutzerklärung …). Durch Einfügen von JavaScript in die Datei *data.js* können Sie Musik hinzufügen.

Achten Sie darauf, dass für Ihren virtuellen Rundgang genügend Webspace zur Verfügung steht. Weitere Hinweise zur

Vorbereitung finden Sie in den vorangegangenen Kapiteln *Fotos* und *Videos*.

Virtuelle Rundgänge sind ein sehr starkes Vermarktungstool, die entsprechenden Besichtigungsvideos technisch überlegen sind. Allerdings sind Sie offline zurzeit nur mit umständlichen Mitteln verfügbar. Zumindest die Fotos im Exposé bleiben deshalb obligatorisch.

6 Mängel, Aufklärungspflichten und Haftung

6.1 Vorbemerkung

Bevor Sie mit der Bewertung Ihres Hauses und der Erstellung des Exposés beginnen, sollten Sie sich mit ggf. vorhandenen Mängeln Ihres bebauten Grundstückes und den entsprechenden Aufklärungspflichten befassen zwecks Vermeidung einer Haftung.

Der Gesetzgeber unterscheidet zwischen Sachmängeln und Rechtsmängeln sowie zwischen offenen und verdeckten Mängeln.

Weiterhin beschreibt er Aufklärungspflichten und Haftungen des Verkäufers im Rahmen eines Kaufvertrages.

Sie sollten offene Mängel von verdeckten Mängeln abgrenzen können, da für Letztere eine Aufklärungspflicht besteht. Aufklärungspflicht bedeutet aber auch, dass Sie Fragen der Interessenten wahrheitsgemäß beantworten müssen.

Diese Kenntnisse über die Mängelarten und die doppelte Bedeutung der Aufklärungspflicht helfen Ihnen bei der Erstellung eines rechtssicheren Exposés und ebnen den Weg für ein sicheres Auftreten bei Besichtigungen und Verkaufsverhandlungen.

6.2 Sachmängel und Rechtsmängel

Ein Sachmangel kann vorliegen, wenn der Immobilie bei Übergabe (beim sog. Gefahrenübergang) eine im Kaufvertrag vereinbarte (ggf. auch eine vom Verkäufer im Exposé zugesagte) Beschaffenheit fehlt (vgl. § 434 Abs. 1 Satz 1 BGB).

Fehlt es an einer entsprechenden Zusage oder Vereinbarung, kann ein Sachmangel vorliegen, wenn die vertragsmäßig vorausgesetzte Verwendung der Immobilie eingeschränkt ist (vgl. § 434 Abs. 1 Satz 2 Nr. 1 BGB).

Fehlt eine vertragsmäßig vorausgesetzte Verwendung, kann ein Sachmangel vorliegen, wenn die gewöhnliche Verwendung der Immobilie eingeschränkt ist oder die Immobilie eine unübliche oder eine vom Käufer nicht zu erwartende Beschaffenheit aufweist (vgl. § 434 Abs. 1 Satz 2 Nr. 2 BGB).

Sachmängel können also sein: eine Elektroinstallation, die entgegen einer entsprechenden Beschreibung im Exposé nicht dem Stand der Technik entspricht (Fehlen einer zugesagten Beschaffenheit), Feuchtigkeitsschäden im Keller (Einschränkung der Verwendung), Fehlen von Baugenehmigungen (Fehlen einer zu erwartenden Beschaffenheit).

Rechtsmängel können vorliegen, wenn Dritte ohne Zustimmung des Käufers im Kaufvertrag Rechte gegen den Käufer geltend machen können (vgl. § 435 BGB).

Rechtsmängel können also sein: ein verschwiegenes Mietverhältnis oder eine verschwiegene Baulast.

6.3 Offene Mängel

Offene Mängel sind Mängel, die ein durchschnittlicher Kaufinteressent offensichtlich erkennen oder vermuten kann. Für offene Mängel gilt:

Die Aufklärungspflicht des Verkäufers gegenüber dem Käufer eines Hausgrundstücks entfällt regelmäßig bei solchen Mängeln, die einer Besichtigung zugänglich oder ohne Weiteres erkennbar sind. Dies gilt namentlich dann, wenn der Käufer durch ein Expertenteam (Architekt; Bankkaufmann) unterstützt wird (hier: eingeschränkte Nutz- sowie nicht gegebene Vermietbarkeit von Kellerräumen). (OLG Koblenz I 18.11.2009 I 1 U 159/09 I Leitsatz)

Demnach sind offene Mängel also Mängel, die bei einer Besichtigung zugänglich oder ohne Weiters erkennbar sind. Andernfalls wäre jede offensichtliche Abweichung vom Stand der Technik detailliert aufzuführen. Sichtbare Feuchtigkeitsflecken können z. B. einen offenen Mangel darstellen, auch wenn der Käufer diese bei der Besichtigung nicht zur Kenntnis genommen hat (vgl. OLG München I 28.08.2013 I 20 U 1498/13).

Die individuelle Abgrenzung zu verdeckten Mängeln ist aber oft nicht leicht und rechtssicher. Deshalb wird im nachfolgenden Kapitel auf Gerichtsentscheidungen zu verdeckten Mängeln verwiesen.

6.4 Verdeckte Mängel

Verdeckte Mängel können vermutet werden, wenn sie für einen durchschnittlichen Kaufinteressenten bei einer Besichtigung nicht zugänglich oder nicht ohne Weiteres erkennbar sind (vgl. OLG Koblenz I 18.11.2009 I 1 U 159/09 I Leitsatz).

Wie oben bereits erläutert: Die Abgrenzung zwischen offenen und verdeckten Mängeln wird an dieser Stelle den Gerichten überlassen. Die Gerichte haben in ihren Urteilen zu Mängeln und Aufklärungspflichten Stellung bezogen, deren Texte oder Zusammenfassungen man im Internet nachlesen kann. Beispiele solcher Urteile sind nachfolgend aufgelistet. Die Vergleichbarkeit der den Urteilen zugrunde liegenden Sachverhalte mit ähnlichen Faktenlagen muss aber stets rechtssicher geprüft werden.

Geben Sie zum Textaufruf dieser beispielhaften Gerichtsurteile deren Aktenzeichen z. B. unter https://dejure.org/ im Suchfeld ein.

Mangel:
Gericht I Urteil vom I Aktenzeichen

Asbest:
BGH I 27.03.2009 I V ZR 30/08

Asbest kein verdeckter Mangel:
OLG München I 01.12.2009 I 5 U 1743/09

Baugenehmigung, Abweichung von der B.:
OLG Brandenburg I 2.6.2016 I 5 U 34/14

Baugenehmigung fehlt für Außenanlagen:
BGH I 30.04.2003 I V ZR 100/02

Baugenehmigung fehlt für Kellerzimmer:
BGH I 27.06.2021 I V ZR 55/13

Baulast verschwiegen:
BGH I 15.07.2011 I V ZR 171/10

Boden kontaminiert:
BGH I 12.07.1991 I V ZR 121/90

Bodenuntersuchung fehlt:
BGH I08.03.2012 I VII ZR 116/10

Denkmalschutz vorhanden:
OLG Celle I 13.05.1988 I 4 U 101/87

Feuchtigkeit:
BGH I 19.01.2018 I V ZR 256/16

Hausschwamm:
BGH I 07.02.2003 I V ZR 25/02

Hochwassergefahr:
BGH I 08.11.1991 I V ZR 193/90

Holzbock:
BGH I 19.2.2016 I V ZR 216/14

Holzkonstruktion mangelhaft:
OLG Brandenburg I 21.06.2012 I 5 U 5/11

Nachbarn laut:
LG Coburg I 23.12.2014 I 23 O 358/13

Nachbarn schikanös:
OLG Frankfurt I 20.10.2004 I 4 U 84/01

Nachbarn und Nachtruhe:
BGH I 22.02.1991 I V ZR 299/89

Nutzung zu Wohnzwecken eingeschränkt:
BGH I 10.06.1988 I V ZR 125/87

Schadensersatzpflicht, Begrenzung der:
BGH I 04.04.2014 I V ZR 275/12

Stahlträger rostig (Statik):
OLG München I 28.10.2015 I 20 U 4044/14

Wasserversorgung fehlt:
BGH I 08.04.2011 I V ZR 185/10

6.5 Aufklärungspflichten und Haftung

Grundsätzlich gilt:

Der Verkäufer hat dem Käufer die Sache frei von Sach- und Rechtsmängeln zu verschaffen. (§ 433 Abs. 1 S. 2 BGB)

Bei älteren, bereits genutzten Häusern ist das für den Verkäufer schwierig zu erfüllen. Vertragliche Haftungsbeschränkungen im Notarvertrag sind bei gebrauchten Immobilien deshalb die Regel:

„... gekauft wie besichtigt ...",
„... wie die Sache steht und liegt" oder
„... die Rechte des Käufers wegen eines Sachmangels des Kaufgegenstandes sind ausgeschlossen ..."
(mögliche Formulierung in Notarverträgen).

Der Verkäufer kann allerdings nur dann von der Haftung entbunden werden, wenn er seiner Aufklärungspflicht nachgekommen ist (wenn er ihm bekannte verdeckte Mängel nicht arglistig verschwiegen hat) oder er keine Garantien für Beschaffenheiten übernommen hat, die aber tatsächlich nicht vorhanden sind:

Auf eine Vereinbarung, durch welche die Rechte des Käufers wegen eines Mangels ausgeschlossen oder beschränkt werden, kann sich der Verkäufer nicht berufen, soweit er den Mangel arglistig verschwiegen oder eine Garantie für die Beschaffenheit der Sache übernommen hat. (§ 444 BGB)

Die Rechte des Käufers werden entsprechend begrenzt:

Die Rechte des Käufers wegen eines Mangels sind ausgeschlossen, wenn er bei Vertragsschluss den Mangel kennt. (§ 442 Abs. 1 S. 1 BGB)

Das kann auch gelten, wenn der Käufer einer Immobilie ohne eine vorangegangene Besichtigung gekauft hat (was ungewöhnlich ist und eine grobe Fahrlässigkeit darstellen kann):

Ist dem Käufer ein Mangel infolge grober Fahrlässigkeit unbekannt geblieben, kann der Käufer Rechte wegen dieses Mangels nur geltend machen, wenn der Verkäufer den Mangel arglistig verschwiegen oder eine Garantie für die Beschaffenheit der Sache übernommen hat. (§ 442 Abs. 1 Satz 2 BGB)

Der Haftungsausschluss des Verkäufers hat also seine Grenzen, er kann vorläufig nur angenommen werden bei:

a) offenen Mängeln oder
b) nicht arglistig verschwiegenen Mängeln oder
c) fehlenden Beschaffenheiten, deren Vorhandensein nicht garantiert wurde.

Der Verkäufer sollte also auch ohne Aufforderung die Kaufinteressenten über ihm bekannte verdeckte Mängel informieren sowie keine Beschaffenheiten zusichern, die nicht vorhanden sind. Abweichungen von diesen Grundsätzen können zu Nacherfüllungs-, Schadensersatz-, Minderungs- oder Rücktrittsansprüchen führen (vgl. § 437 BGB).

Auch entsprechende Fragen der Kaufinteressenten (nach verdeckten Mängeln oder den Beschaffenheiten der Immobilie) sollten nach bestem Wissen und Gewissen richtig und vollständig beantwortet werden. Nach bestem Wissen und Gewissen heißt aber nicht zwingend, dass man über den eigenen Kenntnisstand hinausgehende Untersuchungen anstellen muss (vgl. BGH I 19.2.2016 I V ZR 216/14 I Leitsatz).

Verharmlosende oder unvollständige Angaben über bekannte verdeckte Mängel können arglistiges Verschweigen sein, Bagatellisierungen und Schönrederei als Quasi-Garantien ausgelegt werden.

Beantworten Sie die Fragen wahrheitsgemäß. Wenn Sie nicht wissen, ob Asbest im Hause verarbeitet wurde, antworten Sie auf eine entsprechende Frage nicht mit „nein" (nicht wahrheitsgemäß) oder „wohl kaum" (bagatellisierend), sondern in diesem Fall besser mit „ist mir nicht bekannt". Wenn Sie dagegen wissen, dass die Elektrik nur teilweise erneuert wurde, beantworten Sie eine entsprechende Frage eben nur mit „teilweise erneuert" und nicht mit „erneuert" (nicht vollständig beantwortet, es fehlt das Wort „teilweise").

Sichern Sie sich ab, indem Sie im Exposé Ihnen bekannte verdeckte Mängel aufzeigen und keine Beschaffenheiten zusichern, die tatsächlich nicht vorhanden sind.

Übrigens: verdeckte Mängel unter dem Begriff „Sanierungsbedürftigkeit" zu subsumieren, könnte im Einzelfall nicht hinlänglich sein, vgl. hierzu:

Mit der Übergabe von Unterlagen erfüllt ein Verkäufer seine Aufklärungspflicht nur dann, wenn er aufgrund der Umstände die berechtigte Erwartung haben kann, dass der Käufer die Unterlagen nicht nur zum Zwecke allgemeiner Information, sondern unter einem bestimmten Gesichtspunkt gezielt durchsehen wird. (BGH | 11.11.2011 | V ZR 245/10 | Leitsatz)

7 Grundstücksbewertung

7.1 Vorüberlegungen

Die angebliche Immobilien-Weisheit *Lage-Lage-Lage* stellt ausschließlich auf die Wertbeständigkeit eines bebauten Grundstückes ab. Bei ungepflegten, sanierungsbedürftigen Häusern kann sich die Wertbeständigkeit auf den Bodenwert, ggf. abzgl. Abrisskosten, reduzieren.

Was nützt dem Kaufinteressenten das *Tripple-Lage-Haus*, wenn von diesem Arbeitsplatz, Freunde und Bekannte schwer erreichbar sind, wenn die Nachbarn eine ausgeprägte Affinität zu Rasenmähern und Laubsaugern zeigen, wenn die Bausubstanz ewig und drei Tage repariert werden muss, wenn die Energiekosten (und ggf. zukünftige Auflagen zur Energieeinsparung) Ihnen aus dem Ruder laufen?

Da ein Haus zurzeit überwiegend dem mietfreien Wohnen dient, sollte die Bewertung eines bebauten Grundstückes eher einer Reihenfolge wie *Lage-Nachbarn-Bausubstanz-Innenausstattung* oder *Lage-Grundstückszustand* folgen.

Diese Überlegungen spiegeln sich auch in der zentralen Vorschrift zur Ermittlung von Immobilienpreisen, der *Immobilienwertermittlungsverordnung (ImmoWertV)* wider. Die neue ImmoWertV aus 2021 integriert übrigens die Bodenrichtwertrichtlinie (BRW-RL), die Sachwertrichtlinie (SW-RL), die Vergleichswertrichtlinie (VW-RL), die Ertragswertrichtlinie (EW-RL) und Teile der Wertermittlungsrichtlinien (WertR).

Die Abwendung von der oben zitierten Immobilien-Weisheit kann Ihnen bei der Wertermittlung und bei den Verkaufsgesprächen nützlich sein. Aber auch Kenntnisse der Begriffe *Wohnlage*,

Makrolage und *Mikrolage* können bei Besichtigungen vorteilhaft sein.

Für die Preisfindung stehen neben diesen Vorüberlegungen folgende Werkzeuge der ImmoWertV zur Verfügung:

1. Vergleichswertverfahren:
   Ermittlung über Kaufpreissammlungen, vgl.
   §§ 24-26 ImmoWertV

2. Ertragswertverfahren:
   Ermittlung über die Mieteinnahme, vgl.
   §§ 27-34 ImmoWertV

3. Sachwertverfahren:
   Ermittlung über Bodenwert und Bauangaben, vgl.
   §§ 35-39 ImmoWertV

Diese Methoden werden nachfolgend neben weiteren erläutert.

Die Erbschaftsteuer-Richtlinien 2019 (ErbStR 2019) erörtern im Abschnitt E die in diesen Verfahren verwendeten Begriffe. Die *Muster-Anwendungshinweise zur Immobilienwertermittlungsverordnung (Muster-ImmoWertA)* liefern ausführliche, beleuchtende Hinweise.

Anstatt Verkaufspreise zu ermitteln, können Sie im Inserat Angebote anfordern: Mit Zusätzen wie „Gegen Gebot" eröffnen Sie eine Art Bieterverfahren. Dadurch kann der Kreis potenzieller Kaufinteressenten eingeschränkt werden, da nicht jeder an Bieterverfahren teilnehmen möchte. Für die Entscheidung zur Annahme eines Angebotes benötigen Sie, wenn die Entscheidung fundiert sein soll, eine Vorstellung vom Verkaufspreis. In den meisten Fällen wird man sich also mit einer Eruierung eines Verkaufspreises beschäftigen müssen. Ähnliches gilt bei der Verwendung von Zusätzen wie „Verhandlungsbasis" („VB").

7.2 Vergleichswertverfahren und Bodenrichtwerte

Im Vergleichswertverfahren wird der Wert eines bebauten Grundstückes aus den Verkaufspreisen vergleichbarer Grundstücke ermittelt.

Gutachterausschüsse der einzelnen Bundesländer erstellen aus den notariellen Verkäufen bebauter und unbebauter Grundstücke sog. Kaufpreissammlungen, in denen neben dem Verkaufspreis die Grundstücks-, Wohn- und Nutzfläche, Baujahr und weitere wertbestimmende Faktoren Berücksichtigung finden.

Der Wert eines nicht in diesen Kaufpreissammlungen befindlichen Grundstückes kann so durch Vergleich mit ähnlichen Grundstücken (die hinsichtlich der ihren Wert beeinflussenden Merkmale mit dem zu bewertenden Grundstück hinreichend übereinstimmen) aus der Kaufpreissammlung ermittelt werden. Das ist zulässig, sofern eine ausreichende Anzahl ähnlicher (vergleichbarer) Grundstücke in der Kaufpreissammlung vorhanden ist (vgl. § 192-196 BauGB, § 24 ImmoWertV).

Mit diesen Kaufpreissammlungen können die Gutachter Verkehrswerte für Immobilien ermitteln und z. B. dem Finanzamt für Zwecke der Besteuerung mitteilen.

Aber auch Privatpersonen können solche Vergleichswerte für ihre Immobilien anfragen. Die zumeist moderaten Kosten und die für die Anfrage benötigten Unterlagen können bei Vorliegen eines berechtigten Interesses bei den zuständigen Gutachterausschüssen erfragt werden.

Bei der Anfrage unterscheiden Sie sehr deutlich zwischen Wohn- und Nutzfläche, um Verwechslungen zu vermeiden. Ein auch ausgebauter Dachboden ist i. d. R. nur dann Wohnfläche, wenn eine entsprechende bauaufsichtliche Genehmigung vorliegt.

Abstrahiert man nun vom Kaufpreis eines Grundstückes den Wert der Bebauung (des Hauses), so gelangt man zum reinen Bodenwert des Grundstückes. Teilt man den Bodenwert durch die Grundstücksfläche in m², erhält man den Bodenwert in EUR/m². Die „gemittelten" Werte aller Bodenwerte einer Region (Bodenrichtwerte) werden regelmäßig alle zwei Jahre von den Gutachterausschüssen unter nachfolgender URL veröffentlicht.

https://www.bodenrichtwerte-boris.de

Über das Menü (> Informationen > Länderportale) gelangen sie zu den Seiten der einzelnen Länder, die überwiegend weitere Informationen bereithalten.

Beachten Sie vorhandene Erläuterungen, die ggf. auf Korrekturfaktoren hinweisen, mit denen ein Bodenrichtwert multipliziert werden muss:

```
    Bodenrichtwert (EUR/m2)
x   Korrekturfaktor
x   Grundstücksfläche (m2)
≈   Bodenwert (EUR).
```

Aus der Differenz Verkehrswert minus Bodenwert kann man ganz grob den Wert des Hauses abschätzen – das Ergebnis ist aber mit Vorsicht zu bewerten: Der zugrunde gelegte Algorithmus (Kaufpreissammlung) ist eben nur eine beste Annahme:

Bodenrichtwerte sind nämlich aus Einzelverkäufen gemittelte Werte für bestimmte Gebiete und würdigen Besonderheiten wie die Grundstücksform, die Grundstücksausrichtung, das Maß der baulichen Nutzung (GRZ, GFZ, BMZ), den Erschließungsgrad (Internet, Strom, Gas, Wasser, Abwasser), die Lage (Infrastruktur) und die Bodenbeschaffenheit ggf. nur unzureichend.

Des Weiteren sind Bodenrichtwerte Werte aus der Vergangenheit und müssen aktuellen Preissteigerungen oder Preissenkungen grundsätzlich angepasst werden. Letzteres gilt natürlich auch für die Vergleichswerte. In einigen länderspezifischen Bodenrichtwert-Portalen können Vorjahreswerte abgerufen werden, die möglicherweise eine Prognose auf die aktuellen oder zukünftigen Bodenrichtwerte erlauben.

7.3 Ertragswertverfahren und Liegenschaftszins

Im Ertragswertverfahren wird der Wert eines bebauten Grundstückes aus seinem möglichen Ertrag (Miete) ermittelt. Es eignet sich für vermietete oder zu vermietende Immobilien.

Die entsprechende Rechenvorschrift (vgl. §§ 27-34 ImmoWertV) ist etwas komplexer und wird in den Anwendungshinweisen der ImmoWertV, der sog. der *Muster-ImmoWertA* erläutert.

Zum Verständnis des Ertragswertverfahrens ist das Verständnis des sog. *Liegenschaftszinses* und des sog. *Barwertes* erforderlich. Deshalb vorab eine kurze Einführung in diese Begriffe.

Der Liegenschaftszinssatz ist der Zinssatz, mit dem der Verkehrswert von Grundstücken im Durchschnitt marktüblich verzinst wird. Ortsspezifische Liegenschaftszinssätze werden von den Gutachterausschüssen (siehe oben) aus zurückliegenden Verkäufen ermittelt. In erster Näherung gilt (vgl. ImmoWertA):

Ortsüblicher Liegenschaftszins z
= Jahresreinertrag / Kaufpreis
= (ortsübliche Jahresvergleichsmiete - Bewirtschaftungskosten) / Kaufpreis

Nachfolgendes Beispiel erläutert vereinfacht den Liegenschaftszins:

Wohnfläche (inkl. ausgebauter Dachboden)	100 m2
Tatsächliche Jahresmiete	1.350 EUR/Monat
Ortsübliche Vergleichsmiete pro Monat	12 EUR/m2
Ortsübliche Vergleichsmiete pro Monat	1.200 EUR/Monat
Ortsübliche Vergleichsmiete pro Jahr	14.400 EUR/Jahr
Bewirtschaftungskosten	3.000 EUR/Jahr
Kaufpreis	380.000 EUR

ergeben:

Jahresreinertrag = 14.400 EUR - 3.000 EUR = 11.400 EUR
Liegenschaftszins = 11.400 EUR / 380.000 EUR = 3,0 %

Da der Reinertrag die ortsübliche Jahres-Vergleichsmiete abzgl. der Bewirtschaftungskosten widerspiegelt, weisen niedrige Liegenschaftszinsen auf hohe Verkaufswerte, hohe Liegenschaftszinsen auf niedrige Verkaufswerte hin. Niedrige Liegenschaftszinsen weisen also auf hohe Wertbeständigkeit hin und umgekehrt.

Nun zum Barwert, der hier einführend mit einem Beispiel erklärt wird. Auf die mathematische Herleitung (sie ist überschaubar) wird aber hier verzichtet:

Zukünftigen Mieteinnahmen, die über die Restlaufzeit (Nutzungsdauer) einer Immobilie fällig werden, haben sofort ausgezahlt einen höheren Wert, als wenn sie verteilt über die Jahre der Restlaufzeit ausgezahlt werden. Schließlich kann man die Mieteinnahmen sofort gewinnbringend anlegen.

Der Vorteil steigt mit höheren Zinsen und größerer Restlaufzeit: Man erhält sofort Zinsen und Zinseszinsen über alle vorzeitig ausgezahlten Mieteinnahmen und nicht erst sukzessive über die Restlaufzeit.

Man korrigiert diesen Vorteil der Sofortauszahlung gegenüber der sukzessiven Auszahlung mit der Verwendung des Barwertes: Der Barwert (hier auch Gegenwartswert) ist der Wert, den die zukünftigen Zahlungen in der Gegenwart besitzen unter Berücksichtigung der Restlaufzeit und der Zinsen.

Das nachfolgende Beispiel soll diesen Sachverhalt vereinfacht verdeutlichen. Ein Käufer kauft, ein Verkäufer verkauft – wie folgt:

Kaufabschluss:	Jahresbeginn
Restnutzungsdauer des Gebäudes (danach Abriss):	$n = 4$ Jahre
Konstante Jahresmiete zum Jahresende (Vereinfachung):	$r = 10.000$ EUR
Konstante Zinsen am Markt (Vereinfachung):	$z = 3\% = 0,03$
Zinsfaktor:	$q = 1 + z = 1,03$

Bilanz des Käufers (neuer Vermieter) – in EUR

Restjahre n	Jahresmiete	Zinsen	aufsummiert
Ende Jahr 1	10.000	+ 0	= 10.000
Ende Jahr 2	+ 10.000	+ 300 (10.000 x 0,03)	= 20.300
Ende Jahr 3	+ 10.000	+ 609 (20.300 x 0,03)	= 30.909
Ende Jahr 4	+ 10.000	+ 927 (30.909 x 0,03)	= 41.836

Fall 1: Bilanz des Verkäufers (alter Vermieter) – in EUR

Restjahre n	Zahlung	Zinsen	aufsummiert
Ende Jahr 1	40.000	+ 1.200 (40.000 x 0,03)	= 41.200
Ende Jahr 2	+ 0	+ 1.236 (41.200 x 0,03)	= 42.436
Ende Jahr 3	+ 0	+ 1.273 (42.436 x 0,03)	= 43.709
Ende Jahr 4	+ 0	+ 1.311 (43.709 x 0,03)	= 45.020

Fall 2: Bilanz des Verkäufers (alter Vermieter) – in EUR

Restjahre n	Zahlung	Zinsen	aufsummiert
Ende Jahr 1	37.171	+ 1.115 (37.171 x 0,03)	= 38.286
Ende Jahr 2	+ 0	+ 1.149 (38.286 x 0,03)	= 39.435
Ende Jahr 3	+ 0	+ 1.183 (39.435 x 0,03)	= 40.618
Ende Jahr 4	+ 0	+ 1.219 (40.618 x 0,03)	= 41.836

Im Fall 1 ist der Verkäufer bessergestellt, im Fall 2 gleichgestellt mit dem Käufer. Die „gerechtere" Zahlung aus Fall 2 (hier: 37.171 EUR) heißt Barwert und errechnet sich mathematisch wie folgt:

Barwert	= Miete	x	Barwertfaktor
	= Miete	x	$(q^n - 1) / (q^n \times (q - 1))$
	= 10.000 EUR	x	$(1{,}03^4 - 1) / (1{,}03^4 \times (1{,}03 - 1))$
	= 10.000 EUR	x	3,7171
	= 37.171 EUR		

Der Barwert einer Miete (des Ertrages) enthält einen Anteil für das Gebäude und einen Anteil für den Boden. Gebäude und Boden haben aber unterschiedliche Restlaufzeiten: während Gebäude eine begrenzte Laufzeit haben (ohne Erhaltungsmaßnahmen etwa bis 100 Jahre), hat der Boden eine unendliche Restlaufzeit (es sei denn, er geht unter durch Kontamination, Erdrutsche, Überschwemmungen …). Man zerlegt deshalb den Barwert in einen Anteil für den Boden und einen Anteil für das Gebäude, damit die mathematische Berechnung überschaubar gelingt:

Barwert Grundstück (Zins, Restlaufzeit Boden, Restlaufzeit Gebäude)
= Barwert Boden (Zins, Restlaufzeit Boden n = unendlich = ∞)
+ Barwert Gebäude (Zins, Restlaufzeit Gebäude n = 1…100 Jahre)

Der Barwert des Bodens ist der Bodenwert:

Barwert Boden
= Jahresmiete Boden x Barwertfaktor Boden
= Jahresmiete Boden x $(q^n - 1) / (q^n \times (q - 1))$
= Jahresmiete Boden x $1 / (q - 1)$ … für n = ∞ und z > 0
= Jahresmiete Boden / z
≈ Jahresmiete Boden / Jahresreinertrag Boden / Kaufpreis Boden
= Kaufpreis Boden
≈ Bodenwert

wobei

q	$= 1 + z$
z	= Liegenschaftszins,
n	= Restlaufzeit,
Jahresmiete Boden	= Jahresreinertrag Boden
Liegenschaftszins z	≈ Jahresreinertrag Boden / Kaufpreis Boden (s.o.)
	≈ Jahresmiete Boden / Bodenwert

Dabei wird vereinfacht unterstellt, dass der von den Gutachterausschüssen ermittelte Liegenschaftszins sich vereinfacht aus einer Vielzahl von Verkäufen, wie vorangegangen beschrieben, ermitteln oder in erster Näherung errechnen lässt.

Nun zum Barwert des Gebäudes: Er errechnet sich, indem man
von der Jahresmiete die Bewirtschaftungskosten (nicht auf den
Vermieter umlagefähige oder durchreichbare Kosten, also Be-
triebs-, Verwaltungs-, Instandhaltungskosten, Mietausfallwagnis)
und die Bodenwertverzinsung abzieht. Dieser Anteil der Grund-
stücksmiete am Boden muss abgezogen werden, da er bereits im
Barwert des Bodens gutgeschrieben wurde.

Beide Barwerte (G und B) werden addiert und deren Summe
durch sog. Ab-/Zuschläge für Marktanpassungen (M) und objekt-
spezifische Grundstücksmerkmale (O) korrigiert. Damit ergibt
sich die Rechenvorschrift für das Ertragswertverfahren wie folgt:

		Jährlicher Rohertrag des Grundstückes (Boden + Gebäude)
	-	Bewirtschaftungskosten
	=	Jährlicher Reinertrag des Grundstückes
	-	Bodenwertverzinsung (= Bodenwert x Liegenschaftszins)
	=	Jährlicher Reinertrag der Gebäude
	x	Vervielfältiger (Barwertfaktor, „Kapitalisierung")
(G)	=	Vorläufiger Ertragswert der Gebäude
(B)	+	Bodenwert
	=	Vorläufiger Ertragswert des Grundstückes (Boden + Gebäude)
(M)	+/-	ggf. Marktanpassung
	=	Marktangepasster vorläufiger Ertragswert
(O)	+/-	ggf. Berücksichtigung objektspezifischer Grundstücksmerkmale
	=	Ertragswert des Grundstückes

wobei

Rohertrag (§ 31 Abs. 2 ImmoWertV):
Marktüblich erzielbare Erträge: i. d. R. die ortsübliche Jahres-Vergleichsmiete
gem. § 558 Abs. 2 BGB – nicht die tatsächliche Jahresmiete.

Es folgt ein Beispiel zum besseren Verständnis:

Die folgenden Ausgangswerte

a)	Wohnfläche (inkl. ausgebauter Dachboden)	100 m2
x	Ortsübliche Vergleichsmiete pro Monat	12 EUR / m2
=	Ortsübliche Monatsmiete	1.200 EUR / Monat
=>	Jährlicher Rohertrag (ortsübliche Jahresmiete)	14.400 EUR / Jahr
b)	Bewirtschaftungskosten (hier: ca. 20 %)	3.000 EUR / Jahr
c)	Jährlicher Rohertrag (ortsübliche Jahresmiete)	14.400 EUR
-	Bewirtschaftungskosten	3.000 EUR
=	Jährlicher Reinertrag (Nettokaltmiete)	11.400 EUR
/	vermuteter Verkaufswert	380.000 EUR
=	Liegenschaftszins (erste Näherung)	3,0 %
d)	Grundstücksfläche	400 m2
x	Bodenrichtwert 2020	500 EUR / m2
=	Bodenwert	200.000 EUR
e)	Bodenwert	200.000 EUR
x	Liegenschaftszins	3,0 %
=	Bodenwertverzinsung	6.000 EUR
f)	Berechnungsjahr	2022
-	Baujahr	1980
=	Alter	42 Jahre
=>	Restnutzungsdauer n (100 - Alter)	58 Jahre
g)	Liegenschaftszins z	3 %
	Zinsfaktor q = 1 + z	1,03
	Restnutzungsdauer n	58 Jahre
=>	Vervielfältiger = $(q^n - 1) / (q^n \times (q - 1))$	27,33

Den Vervielfältiger bzw. Barwertfaktor für die Kapitalisierung können Sie auch einer der ImmoWertA angehängten Tabelle entnehmen.

ergeben für eine Ertragswert-Prognose

	14.400 EUR	Jährlicher Rohertrag des Grundstückes
-	3.000 EUR	Bewirtschaftungskosten
=	11.400 EUR	Jährlicher Reinertrag des Grundstückes
-	6.000 EUR	Bodenwertverzinsung
=	5.400 EUR	Jährlicher Reinertrag der Gebäude
x	27,33	Vervielfältiger (Barwertfaktor)
=	147.582 EUR	Vorläufiger Ertragswert der Gebäude
+	200.000 EUR	Bodenwert
=	347.582 EUR	Vorläufiger Ertragswert des Grundstückes
+	30.000 EUR	Zuschlag für sehr gute Infrastruktur
=	377.582 EUR	Marktangepasster vorläufiger Ertragswert
	6.000 EUR	Abschlag für überalterte Zentralheizung
=	371.582 EUR	Ertragswert (Verkehrswert) des Grundstückes

Tragen Sie Ihre eigenen Werte in das Rechenschema ein und ermitteln Sie so eine Prognose für den Verkehrswert – auch wenn Sie im ersten Anlauf nicht alle Schritte nachvollziehen konnten.

Das Ertragswertverfahren wurde ausführlich behandelt für den Fall, dass das Haus vermietet ist. Sie sind aber damit auch vorbereitet für mögliche Argumente von Interessenten, die vermieten möchten. Aber auch ohne solche Voraussetzungen kann das Ertragswertverfahren auf der Grundlage einer ortsüblichen Vergleichsmiete (die man recherchieren kann) einen ersten Best Guess für die Bewertung Ihres Hauses errechnen.

Wie eingangs erläutert steigt der Vorteil einer Sofortauszahlung mit höheren Zinsen und größerer Restlaufzeit. Der Barwertfaktor (der eine Sofortauszahlung korrigiert) sinkt deshalb mit steigenden Zinsen und nimmt mit steigender Restlaufzeit weniger zu. Diesen Sachverhalt kann man anschaulich der Tabelle „Barwertfaktoren für die Kapitalisierung" im Anhang der ImmoWertA entnehmen.

7.4 Sachwertverfahren

Im Sachwertverfahren wird der Wert eines bebauten Grundstückes aus den Sachwerten der Gebäude und dem Bodenwert ermittelt.

Das Verfahren (vgl. §§ 35-39 ImmoWertV) ist erst mal sofort nachvollziehbar, sodass hier gleich mit dem Rechenschema begonnen werden kann:

	Herstellungskosten der baulichen Anlagen ohne Außenanlagen
-	Alterswertminderung
+	Herstellungskosten der baulichen Außenanlagen und sonst. Anlagen
-	ggf. Alterswertminderung
+	Bodenwert
=	vorläufiger Sachwert des Grundstückes (Boden + Gebäude)
+/-	ggf. Marktanpassung
=	Marktangepasster vorläufiger Sachwert
+/-	ggf. Berücksichtigung objektspezifischer Grundstücksmerkmale
=	Sachwert des Grundstückes

Für die Berechnung der Herstellungskosten und der Alterswertminderung wiederum sind einfache, aber leider umfangreiche Formeln und Tabellenwerte zu verwenden, deren Beschreibung den Rahmen dieses Buches aber sprengen würde. Sie werden beschrieben in der ImmoWertV und der ImmoWertA.

7.5 Immobilienportale

Die Auswertung von Inseraten in Immobilienportalen bietet ähnlich wie das Vergleichswertverfahren eine Möglichkeit der Grundstücksbewertung. Grundlage sind aber die von den Verkäufern gewünschten, nicht aber die tatsächlich erzielten Preise (die, wie beim Vergleichswertverfahren erläutert, nur den sog. Gutachterausschüssen bekannt sind). Das Vorsichtsprinzip gebietet demnach eher einen niedrigeren Ansatz oder die Bereitschaft, im Laufe der Verkaufsverhandlungen ggf. einen Nachlass zu gewähren. Dagegen gebietet eine Immobilien-Preisentwicklung mit tendenziell steigenden Preisen eher einen höheren Ansatz.

Die Inserate und damit die Vergleichspreise verschwinden durch Verkäufe im Laufe der Zeit. Notieren Sie sich deshalb die Daten bereits bei der ersten Recherche. Allerdings können wiederholte Aufrufe der Inserate auch Änderungen der Verkaufspreise sowie Verweilzeiten der Immobilien auf dem Markt sichtbar machen.

Erstellen Sie vor der Internetrecherche mit einer Kalkulationssoftware eine Tabelle, in der Sie die URLs der Inserate *benachbarter Vergleichsobjekte* (hier: Reihenendhäuser, REH) untereinander eintragen und rechts davon die wertbestimmenden Merkmale wie Baujahr, Grundstücksfläche, Wohnfläche, Nutzfläche, Pkw-Platz, Gäste-WC, Balkon, ..., Modernisierungsgrad, Energieeffizienzklasse, ..., Infrastruktur, Mikrolage, Kaufpreis, Courtage.

REH URL	Baujahr	Grundst. m2	Wohnfl. m2	...	Preis EUR	Courtage EUR
Haus1	1980	400	100	...	???	0
www...	1967	500	85	...	399.000	11.970
www...	1973	203	92	...	420.000	12.600
www...	1954	300	75	...	449.000	13.470
www...	1969	466	159	...	449.000	0
www...	1977	279	135	...	465.000	13.950

In die oberste Zeile tragen Sie ihre Immobilie *Haus1* mit den entsprechenden Werten ein. Ermitteln Sie aus dieser Datensammlung einen Verkaufspreis für Ihr Objekt. Gewichten Sie die einzelnen wertbestimmenden Merkmale. Sie werden feststellen, dass die Preise mancher Inserate (wie im Beispiel) aus der Reihe fallen.

Diese Informationen können Sie nicht nur für die Bewertung Ihrer eigenen Immobilie verwerten, sondern sie auch argumentativ in Verkaufsverhandlungen einfließen lassen.

7.6 Online-Schnellbewertungen

Immobilienportale bieten einfache, kostenlose Immobilienbewertungen an, die auf einfachen Angaben (z. B. PLZ, Immobilientyp, Zimmeranzahl, Wohnfläche, Grundstücksfläche) basieren und deren Ergebnisse entsprechend unkonkret ausgegeben werden: „Der Wert Ihrer Immobilie liegt bei ca.: 254.000–476.000 EUR". Etwas konkretere Bewertungen sind meistens kostenpflichtig, liegen aber immer noch unter den Kosten für ein Gutachten eines Sachverständigen. Als Grundlage der Bewertungen dürfte den Immobilienportalen das Vergleichswertverfahren auf der Basis ihrer Inserate dienen (im Gegensatz zum Vergleichswertverfahren der Gutachterausschüsse, die auf der Basis von tatsächlichen Verkaufspreisen bewerten). Bewertungen ohne Vor-Ort-Besichtigungen dürften aber eher von niedrigerer Qualität und Aussagekraft sein.

7.7 Gutachten

Als Orientierungshilfe für die Kosten eines möglichen Gutachtens kann die Honorarrichtlinie des Bundesverbandes öffentlich bestellter und vereidigter sowie qualifizierter Sachverständiger e. V. (BVS) dienen. Die Richtlinie ist abrufbar unter der Website https://www.bvs-ev.de/downloads/.

Beispiele von Auszügen aus Sachverständigen-Gutachten können z. B. unter www.zvg-portal.de eingesehen werden.

Bei der Auswahl sind Qualifikation (Ausbildung, Sachverstand) sowie mögliche Nebenkosten zu erfragen (z. B. die Kosten für die Einholung eines Auszuges aus dem Baulastenverzeichnis). Vermeiden Sie nicht nur doppelte Arbeit, vermeiden Sie auch unliebsame Überraschungen durch bedachtes Handeln und Nachfragen.

7.8 Mietrendite

Der Interessentenkreis vermieteter Immobilien sind oft Kapitalanleger, die für Ihre Investitionen und deren Nebenkosten eine bestimmte Rendite erwarten. Zumindest die Berechnung der Rendite (neben den steuerlichen Aspekten) sollte der Verkäufer kennen und in seiner Preisfindung berücksichtigen.

Die Mietrendite ist das Verhältnis der bereinigten Einnahmen zum Kaufpreis inkl. Nebenkosten. Es ist also die Rendite, die ein Vermieter aus seiner vermieteten Immobilie über den Zeitraum der Restnutzungsdauer („Laufzeit") erzielt.

Aus der Mietrendite kann unmittelbar kein Verkaufspreis abgeleitet werden, da die Mietrendite u. a. nichts über die Restnutzungsdauer aussagt. Auch der Vergleich mit dem Liegenschaftszinssatz ist, wie bereits im Kapitel *Ertragswerteverfahren* erläutert, nicht sinnvoll: Der Liegenschaftszins ist ein Durchschnittswert und würdigt nicht die objektspezifischen Merkmale einer einzelnen Immobilie.

Die Rechenvorschrift für eine Mietrendite lautet ohne Opportunitätskosten und -erlöse sowie Zinsen für Kredite:

Nettomietrendite
= Jahresnettomieteinnahmen / Kaufpreis plus Nebenkosten

wobei (vgl. § 187 BewG):

    Jahresbruttomieteinnahmen
- Verwaltungskosten
- nicht umlagefähige Betriebskosten
- Rückstellungen für Instandhaltungskosten
- Rückstellungen Mietausfallwagnis
= Jahresnettomieteinnahmen

und

Kaufpreis
+ Maklerprovision (entfallen beim Privatverkauf)
+ Grunderwerbssteuer
+ Notargebühren und Gerichtskosten (Grundbucheintragung)
+ ggf. Renovierungs-, Sanierungs-, Modernisierungskosten
+ ggf. weitere Kosten (z. B. für Gutachter, Finanzierung …)
= Kaufpreis plus Nebenkosten

In Beispielen sieht das so aus:

Jahres-Netto-Mieteinnahme	Kaufpreis + Nebenkosten	Netto-Miet-Rendite
10.000 EUR	600.000 EUR	1,7 %
10.000 EUR	500.000 EUR	2,0 %
10.000 EUR	400.000 EUR	2,5 %
10.000 EUR	300.000 EUR	3,3 %
10.000 EUR	250.000 EUR	4,0 %
10.000 EUR	200.000 EUR	5,0 %

Je attraktiver Sie bei konstanter Miete die Rendite gestalten, desto geringer fällt der Verkaufserlös aus. Möchten Sie Ihre Immobilie mit 2,5 % Rendite bei einer Jahresnettomiete i. H. v. 10.000 EUR inserieren, so dürfen (für den Interessenten) Kaufpreis plus Nebenkosten 400.000 EUR nicht übersteigen. Bei 10 % Nebenkosten für den Interessenten ergäbe sich dann für den Verkäufer ein Verkaufspreis zu 363.636 EUR.

Vielfach wird auch der Mietenmultiplikator (Verhältnis zwischen Kaufpreis und Mieteinnahme) verwendet. Er ist der Kehrwert der Mietrendite (1/Mietrendite).

Als Anlageform kann eine vermietete, abbezahlte Immobilie mit ausreichender Restlaufzeit für einen Käufer günstig sein, wenn

Nettomietrendite
= Jahresnettomieteinnahmen / Kaufpreis plus Nebenkosten
> Zins einer alternativen Geldanlage

7.9 Immobilienpreisentwicklung

Die momentane Immobilienpreisentwicklung sollte Berücksichtigung finden: Inserieren Sie ihre Immobilie und rechnen mit einer Abwicklungszeit von z. B. 6 Monaten, dann könnte Ihre Immobilie in dieser Zeit einige Prozent an Wert gewonnen haben. Eine Anpassung an solche Entwicklungen während einer Verkaufsphase ist gem. § 311 Abs. 2 BGB grundsätzlich eingeschränkt, der BGH hat sich aber bei Grundstücksverkäufen anders geäußert, vgl. hierzu sein Urteil V ZR 11/17 vom 13.10.2017.

Weiterführende Informationen zum Thema Immobilienpreisentwicklung findet man in (Auswahl):

Bundesinstitut für Bau-, Stadt- und Raumforschung, BBSR (Hrsg.):
Wohnungs- und Immobilienmärkte in Deutschland 2020,
Bonn 2021,
ISBN: 978-3-87994-516-0,
URN: urn:nbn:de:101:1-2021032612484126320101,
Abruf Oktober 2021: https://www.bbsr.bund.de.

Bundesinstitut für Bau-, Stadt- und Raumforschung, BBSR (Hrsg.):
Immobilienpreisentwicklungen – Übertreibungen oder Normalität?
BBSR-Online-Publikation Nr. 16/2020,
Bonn 2020,
ISSN: 1868-0097
URN: urn:nbn:de:101:1-2020121810375689728572,
Abruf Oktober 2021: https://www.bbsr.bund.de.

Statistisches Bundesamt (Destatis) u. a. (Hrsg.):
Datenreport 2021,
Kapitel 7: Wohnen,
Abruf Oktober 2021: https://www.destatis.de.

8 Exposé

8.1 Vorbemerkung

Das Exposé dient dazu, dem Interessenten möglichst viele Informationen für eine Kaufentscheidung zu liefern. Fehlende Informationen müssen versierten Interessenten oft mühsam nachgeliefert werden. Das Exposé kann aber auch der Erfüllung der oben beschriebenen Aufklärungspflichten dienen.

Das Exposé dient auch als eigenständiges, vom Inserat unabhängiges Vermarktungstool, welches an potenzielle Interessenten, Nachbarn, Freunde … weitergereicht werden kann.

Folgende Angaben sind mindestens erforderlich:

1. Private Anbieter: Name, Kontaktmöglichkeit,
2. gewerbliche Anbieter: vollständige Anbieterkennzeichnung gem. § 5 Telemediengesetz (TMG),
3. Daten aus dem Energieausweis gem. § 87 Gebäudeenergiegesetz (GEG),
4. Haftungsausschluss (optional, aber empfehlenswert).

Spätestens jetzt müssen Sie sich über eine geeignete Kontaktmöglichkeit Gedanken gemacht haben (siehe Kapitel: *Kontakt-Schnittstelle*).

Des Weiteren sollten folgende Dokumente jetzt vorliegen:

1. Grundrisse (PDF),
2. Flurkarte (PDF),
3. Fotos (JPG, 4:3).

8.2 Inhalt eines Exposés

Für die Erstellung eines Exposés empfiehlt sich ein Textverarbeitungsprogramm mit PDF-Ausgabe.

Mit privaten, Website-basierten Exposés (mittels HTML/CSS oder einem Website-Baukasten ...) benötigen Sie u. U. ein eigenes Impressum sowie eine Datenschutzerklärung. Entscheidend ist aber, dass Sie hierfür eine eigene Vermarktung aufbauen müssen, um Interessenten zu erreichen. Das Thema wird im Kapitel *Vermarktung* näher erläutert.

Gestalten Sie das Exposé so vollständig wie möglich, damit es die folgenden Aufgaben erfüllen kann:

1. Das Exposé soll übliche, wiederkehrende Fragen der Interessenten nach bestimmten Sachverhalten beantworten, damit sie nicht wiederholt vom Verkäufer beantwortet werden müssen. Ein gutes Exposé schont Ihre Zeit und Ihre Nerven.

2. Das Exposé soll Interessenten bereits vor einer Besichtigung dermaßen ausreichend informieren, um Besichtigungstermine, in denen nur Fragen geklärt werden, zu vermeiden.

3. Das Exposé soll als Nachweis dienen, dass Sie Ihrer Auskunftspflicht Genüge getan haben (siehe Kapitel: *Mängel, Aufklärungspflichten und Haftung*).

8.3 Beispiel eines umfangreichen Exposés

Das nachfolgende Exposé dient als möglicher Ausgangspunkt für einen eigenen Entwurf. Es ist ein Vorschlag ohne nennenswerte typografische Gestaltungen und Bebilderung. Der Fokus liegt auf den zu vermittelnden Informationen.

Exposé

Endreihenhaus mit Garage von privat

Musterstraße 7
12358 Musterstadt

Das Haus befindet sich in einer ruhigen, kleinen Seitenstraße in Musterstadt im Bundesland1 an der nordwestlichen Grenze von Bundesland2.

Sehr gute Einkaufsmöglichkeiten in fußläufiger Nähe, eine ausgezeichnete Infrastruktur für jedes Alter und eine ausreichende Anbindung an das öffentliche Verkehrsnetz zeichnen diese harmonische Bundesland2-Randlage aus.

Eine Busstation mit direkter Anbindung zu den Bahnhöfen Musterstation1 bzw. Musterstation2 ist ca. zwei Gehminuten, die A0-Auffahrt Musterstadt-Mitte ca. zwei Autominuten entfernt.

Der Musterstadt-See (Landschaftsschutzgebiet) und die zahlreichen benachbarten Baumschulen laden zu erholsamen und ruhigen Spaziergängen ein.

Das Angebot an Infrastruktur ist so reichhaltig, dass beispielhaft auf https://www...de verwiesen wird.

Ein Spielplatz der Siedlung befindet sich in Sichtweite.

Inhalt

1 Anschrift – Verkäufer – Eckdaten – Kosten

1.1 Anschrift der zu verkaufenden Immobilie

Musterstraße 7
12358 Musterstadt
Musterland

1.2 Verkäufer

Verkäufer ist Herr Musterverkäufer *(von PRIVAT)*.
E-Mail: musterverkaeufer@...de.

1.3 Eckdaten

Gebäudetyp:	Endreihenhaus
Baujahr:	1972
Bauweise:	Massivhaus
Grundstücksfläche:	397 m2
Wohnfläche:	ca. 81 m2
Dachgeschoss:	ca. 25 m2
Nutzfläche:	ca. 38 m2
Geschosse (Zimmer):	KG, EG (1 Zimmer), OG (3 Zimmer), DG
Garage, Auffahrt:	Kleine Garage (1 PKW), Auffahrt (2 PKWs)
Heizung:	Gas-Zentralhzg. mit Warmwasserbereitung
Verfügbarkeit:	kurzfristig

1.4 Kaufpreis

Der Kaufpreis für o. g. Grundstück mit Gebäude beträgt 449.000 EUR.

1.5 Kaufnebenkosten

Grunderwerbssteuer:	ca. 6,5 % des Kaufpreises (unverb. Angabe),
Notarkosten:	ca. 1,5 % des Kaufpreises (unverb. Angabe),
Grundbucheintrag:	ca. 0,5 % des Kaufpreises (unverb. Angabe),
Maklerprovision:	keine.

1.6 Abgaben, Energieverträge und Versicherungsbeiträge

Vorhanden, siehe Kapitel: *Abgaben, Energie* und *Versicherungen.*

66

2   *Flurkarte*

3   *Grundrisse*

4   *Fotos, Video und virtueller Rundgang*

Ein Video können Sie unter: https://www…de,
einen virtuellen Rundgang unter: https://www…de
abrufen.

(Anmerkung: Fotos immer kurz erläutern, damit der Interessent den Standort und den Blickwinkel im Grundriss verfolgen kann)

5   Wohnflächen nach WoFlV

Die Berechnung der Nutzflächen erfolgte gem. Wohnflächenverordnung
i. d. Fass. v. 2003.

EG und OG		Höhe m	Breite m	Tiefe m	Faktor	Fläche m2
EG	Wohnzimmer	2,54	5,05	3,72	1,00	18,79
	Essecke	2,50	2,75	1,79	1,00	4,92
	Küche	2,50	2,14	3,07	1,00	6,57
	Flur	2,50	1,10	2,97	1,00	3,27
		2,50	0,62	0,98	1,00	0,61
	Windfang	2,50	1,77	1,56	1,00	2,76
	./. Sockel	2,50	0,13	0,30	-1,00	-0,04
	WC	2,50	0,83	1,41	1,00	1,17
	./. Abflussrohr	2,50	0,16	0,19	-1,00	-0,03
	Terrasse		4,00	3,45	0,25	3,45
	EG gesamt					**41,47**
OG	Schlafzimmer	2,40	2,82	5,54	1,00	15,62
	Arbeitszimmer	2,35	2,76	3,10	1,00	8,56
	./. Schornstein	2,35	0,64	0,44	-1,00	-0,28
	Kinderzimmer	2,35	2,06	3,70	1,00	7,62
	Flur	2,35	1,06	2,96	1,00	3,14
	Bad	2,35	2,08	1,56	1,00	3,24
	./. Abflussrohr	2,35	0,14	0,16	1,00	0,02
	Balkon		5,28	1,10	0,25	1,45
	OG gesamt					**39,37**
EG + OG gesamt						**80,84**

68

6   *Nutzflächen in Anlehnung an die WoFlV*

Die Berechnung der Nutzflächen erfolgte in Anlehnung an die Wohnflächen-verordnung i. d. Fass. v. 2003. Die Nutzfläche der DG-Kammer wurde verein-facht berechnet.

KG und DG		Höhe	Breite	Tiefe	Faktor	Fläche
		m	m	m		m2
KG	Kellerraum	2,00	2,81	5,50	1,00	15,46
	Waschküche	2,00	2,13	3,74	1,00	7,97
	Werkstatt	2,00	2,19	3,12	1,00	6,83
	Abstellraum	2,00	2,76	1,61	1,00	4,44
	Flur	2,00	1,27	2,91	1,00	3,70
	KG gesamt					**38,40**
DG	Dachraum	1,04–2,00	5,02	1,43	0,50	3,59
		2,00–2,20	5,02	2,19	1,00	10,99
		2,20	3,25	1,14	1,00	3,71
		2,20	2,18	0,44	1,00	0,96
	Kammer	2,20–0,44	4,06	2,80	0,50	5,68
	DG gesamt					**24,93**
KG und DG gesamt						**63,33**

Garage	Höhe	Breite	Tiefe	Faktor	Fläche
	m	m	m		m2
Garage	2,15–1,95	2,72	5,52	1,00	15,01
Abstellraum	2,15–1,95	2,40	2,60	1,00	6,24
Garage gesamt					**21,25**

69

7   Ausstattungsmerkmale und erfolgte Instandhaltungen

Bad   *1996 neue Sanitäreinrichtungen und Fliesen*

Fenster   *1996/1997 neu*
             Kunststoffrahmen, Isolierglas 4-16-4 und 5-14-5
             Farbe außen vorne: Weiß
             Farbe außen hinten: Mahagoni
             Farbe innen: Weiß

Grundsiel   *2012 Ausbesserung mit Kurzliner*
             2012 Dichtheitsprüfung nach DIN EN 1610

Heizkörper   *2007 neu*

Heizung   *1990 Gas-Zentralheizung, V4A-Rauchrohr*
             1996 Speicher-Wassererwärmer (Erweiterung)

Küche   *1972 Einbauküche*
             1995 Einbauherd Typ …
             2017 Kühlschrank Typ …

Mobiliar   *Wohnzimmer (EG): hochwertiger Einbauschrank*
             Wohnzimmer (EG): neuwertige Sitz- und Couchecke
             Arbeitszimmer (OG): hochwertiger Einbauschrank
             Ankleidezimmer (OG): Einbau-Kleiderschrank

Rollladen   *1996/1997 neu*
             Alu-Profile, Rollladen-Kästen außen montiert
             Fenster-Rollladen im EG und OG mit Motor
             Haustür-Rollladen mit Motor
             Terrassentür-, Balkontür-, Kellertür-Rollladen mit Seilzug

Terrasse   *1996 Markisen 500 cm x 300 cm mit Motor*
             1998 Neuaufbau mit frostsicheren Bodenfliesen

Nachweise in Form von Rechnungen können eingesehen werden.

8   Infrastruktur

8.1   Bildung und Soziales

Das Angebot an Kindertagesstätten, Schulen, Ärzten, Kultureinrichtungen usw. kann erkundet werden unter

Internet: https://www...de
            > Leben & Erleben
            (Stand: 07. Januar 2022)

8.2   Einkaufsmöglichkeiten

In unmittelbarer Nähe befinden sich ein Lebensmittel-Supermarkt, ein Lebensmittel-Discounter und ein Drogeriemarkt mit ausreichenden Parkmöglichkeiten. Des Weiteren bietet ein Einkaufszentrum in ca. 1,2 km Entfernung Bekleidungs-, Elektronik- und Einrichtungsgeschäfte in großer Auswahl, siehe

Internet: https://www...de
            (Stand: 07. Januar 2022)

8.3   Verkehrsanbindung

Etwa zwei Gehminuten entfernt befindet sich eine Bushaltestelle für den ÖPNV-Bus Nr. 123, der u. a. die Bahnhöfe Musterstation1 bzw. Musterstation2 anfährt. Näheres unter

Internet: https://www...de
            (Stand: 07. Januar 2022)

Die Autobahnauffahrt zur A0 ist etwa 500 Meter entfernt. Der Autobahn-Lärm ist trotz der Nähe nicht zu hören. Überzeugen Sie sich bitte Vor-Ort.

9   Grundbuch, Baulastenverzeichnis und Pläne

9.1   Grundbuch

Grundbuchamt
Grundbuchamtsstr. 7
12358 Musterstadt
Telefon: 12358
E-Mail: Grundbuchamt@...de
Internet: *https://www...de*
         (Stand: 07. Januar 2022)

Im Grundbuch von Musterstadt
(Blatt: 1235, Gemarkung: Musterstadt, Flur: 123, Flurstück: 12/35)
steht (Datum des Abrufs 24.12.2021):
Wirtschaftsart und Lage: Gebäude- und Freifläche, Musterstraße 7,
Größe: 397 m2,
Lasten und Beschränkungen: keine,
Hypotheken, Grundschulden, Rentenschulden: keine.
Der Auszug aus dem Grundbuch kann eingesehen werden.

9.2   Baulastenverzeichnis

Baulastenamt
Baulastenamtsstr. 123
12358 Musterstadt
Telefon: 12358
E-Mail: Baulastenamt@...de
Internet: *https://www...de*
         (Stand: 07. Januar 2022)

Im Baulastenverzeichnis (Datum des Abrufs 24.12.2021) stehen keine Einträge für die hier angebotene Immobilie.
Der Auszug aus dem Baulastenverzeichnis kann eingesehen werden.

9.3   Liegenschaftskarte

Liegenschaftsamt
Liegenschaftsamtsstr. 123
12358 Musterstadt
Telefon: 12358
E-Mail: Liegenschaftsamt@...de
Internet: https://www...de
*   (Stand: 07. Januar 2022)*
Der Auszug aus der Liegenschaftskarte kann eingesehen werden.

9.4   Bebauungsplan und Flächennutzungsplan

Bebauungsamt
Bebauungsamtsstr. 123
12358 Musterstadt
Telefon: 12358
E-Mail: Bebauungsamt @...de

Internet: https://www...de
*   (Stand: 07. Januar 2022)*
Der Bebauungspläne und Flächennutzungspläne können unter o. g. Link ein-
gesehen werden (Stand: 07. Januar 2022).

9.5   Sonstige Grundstücksangaben

Bestehendes Mietverhältnis:	*nein,*
Wohnungseigentümergesellschaft (WEG):	*nein,*
Hausgeld:	*nein,*
Erbbaurecht:	*nein,*
Wegerechte:	*nein,*
Ausstehende Anliegerbeiträge für Erschließung u. a.	*nein,*
Denkmalschutz, Milieuschutz	*nein,*
Wasserschutzgebiet	*nein.*

73

10   Abgaben

10.1   Grundsteuer B, Niederschlagswasser und Straßenreinigung

Stadt Musterstadt
Grundsteuerstr. 7
12358 Musterstadt
Telefon: 12358
E-Mail: Abgaben@...de

Internet: *https://www...de*
             (Stand: 07. Januar 2022)

Die Festsetzung für Grundsteuer B, Niederschlagswasser und Straßenreinigung beträgt für das Jahr 2022:

Grundsteuer B	*xxx,xx EUR/Jahr*
Niederschlagswasser (95 m2 versiegelte Fläche)	*xx,xx EUR/Jahr*
Straßenreinigung (9 m)	*x,xx EUR/Jahr*
Gesamtbetrag 2022	*xxx,xx EUR/Jahr*

Der Abgabenbescheid 2022 kann eingesehen werden. Nach der Übergabe informiert der Verkäufer die Stadt über den Eigentümerwechsel.

10.2   Wassergeld und Kanalbenutzungsgebühren

Stadt Musterstadt
Wassergeldstr. 7
12358 Musterstadt
Telefon: 12358
E-Mail: Abgaben@...de

Internet: *https://www...de*
             (Stand: 07. Januar 2022)

Unter o. g. Link können die Gebühren ermittelt werden (verbrauchsabhängig). Nach der Übergabe informiert der Verkäufer die Stadt Musterstadt über den Eigentümerwechsel.

10.3 Abfallentsorgung

Stadt Musterstadt
Abfallstr. 11
12358 Musterstadt
Telefon: 12358
E-Mail: Abfall@…de

Internet: *https://www…de*
           > Entgelte > Preise
           (Stand: 07. Januar 2022)

Die Entgelte für die Abfallentsorgung betragen für das Jahr 2022 für folgende Behältergrößen und Abhol-Intervalle:

Benutzungseinheit	*xx,xx EUR/Jahr*
Bioabfall 80 l, 14-täglich	*xx,xx EUR/Jahr*
Restabfall 80 l, 14-täglich	*xx,xx EUR/Jahr*
Entgelt 2022	*xxx,xx EUR/Jahr*

Die Entgelte sind abhängig von den gewählten Behältergrößen und den gewählten Abhol-Intervallen und können unter o. g. Link ermittelt werden

Behältergrößen und Abhol-Intervalle können dort online in einem geschützten Bereich geändert werden.

Für Papiertonne (blau) und Gelbe Tonne (gelb) wird zurzeit kein Entgelt erhoben.

Nach der Übergabe informiert der Verkäufer die Stadt Musterstadt über den Eigentümerwechsel.

75

11   Versicherungen

11.1   Wohngebäudeversicherung

Versicherungsbeginn:	*01.01.2021, 12:00 Uhr*
Versicherungsablauf:	*01.01.2023, 12:00 Uhr*
Beitrag pro Vertragsjahr zz.:	*ca. xxx EUR/Jahr*

Der Vertrag verlängert sich stillschweigend von Jahr zu Jahr, wenn er nicht spätestens 3 Monate vor Ablauf in Schriftform gekündigt wird.

Die Versicherungsunterlagen können eingesehen werden.

Den Versicherungsbeitrag für das laufende Vertragsjahr übernimmt der Verkäufer. Der Verkäufer informiert den Versicherer über den Eigentümerwechsel. Es obliegt dem Käufer, die Versicherung weiterzuführen oder ein mögliches Sonderkündigungsrecht in Anspruch zu nehmen (z. B. zwecks Abschlusses einer günstigeren Versicherung).

11.2   Haus- und Grundbesitzer-Haftpflichtversicherung

Versicherungsbeginn:	*01.01.2022, 12:00 Uhr*
Versicherungsablauf:	*01.01.2023, 12:00 Uhr*
Beitrag pro Vertragsjahr zz.:	*ca. xxx EUR/Jahr*

Der Vertrag verlängert sich stillschweigend von Jahr zu Jahr, wenn er nicht spätestens 3 Monate vor Ablauf in Schriftform gekündigt wird.

Die Versicherungsunterlagen können eingesehen werden.

Die Versicherung endet automatisch mit der Übergabe oder der Grundbuch-Umschreibung (der frühere Termin ist maßgeblich).

12   Internetanschluss und Satellitenschüssel

Es besteht ein abgemeldeter Kabelanschluss der Musterkabel GmbH und ein abgemeldeter herkömmlicher DSL-Anschluss.

Seit 2015 verfügt Musterstadt über ein flächendeckendes (99 %) Angebot eines Glasfaseranschlusses bis in die Häuser (FTTH/FTTB):

Internet: *https://www…de*
          > Entgelte > Preise
          (Stand: 07. Januar 2022)

Das Gebäude ist außerdem mit einer Satellitenschüssel ausgestattet.

13   Energie

13.1   Strom und Gas

Die Verbrauchshistorien können über die Website des Netz-Anbieters

Internet: *https://www …de*
          > Entgelte > Preise
          (Stand: 07. Januar 2022)

in einem passwortgeschützten Bereich eingesehen werden. Es bestehen für beide Energiearten prolongierende (1 Kalenderjahr) Lieferverträge.

13.2   Energieausweis

Der vollständige Energieausweis liegt vor, kann eingesehen werden und liegt bei den Besichtigungsterminen aus.

Gemittelter Gasverbrauch für 2011 bis 2021 (Quelle: Internetseite des Gasnetzanbieters): 25.321 kWh/Jahr.

… [Auszug aus dem Energieausweis]

77

14   Bauunterlagen

Die Qualität (Auflösung, schiefe Ausrichtung und z. T. fehlende Seitenränder) sehr weniger Haus-Dokumente entspricht dem der Originale und spiegelt keine Nachlässigkeit beim Scannen wider. So fehlt z. B. bei der Bauzeichnung der Garage die Hälfte des Stempelabdruckes „Bauaufsichtlich geprüft, Genehmigt durch Baufreigabe ...". Für den später erstellen Garagen-Abstellraum liegt die genehmigte Zeichnung (der Stempelabdruck) vollständig vor. Dort ist auch die Garage eingezeichnet.

Ansichten und Schnitte vom Endreihenhaus liegen dem Verkäufer nicht im Original vor. Diese sind im Mai 2021 im zuständigen Bauamt mit Genehmigung abfotografiert worden und liegen dem Verkäufer nur im JPG-Format vor.

Folgende Bauunterlagen liegen digital vor:

- Bau- und Ausstattungsbeschreibung,
- Baulastenverzeichnis, Auskunft aus dem,
- Bauschein,
- Berechnung der Wohn- und Nutzfläche (nach II. BVO i. V. m. DIN 283),
- Berechnung des umbauten Raumes (nach DIN 277/50),
- Energieausweis (gültig bis 07.01.2030),
- Gebrauchsabnahmeschein,
- Grundbuchauszug vom 24.12.2021 (lastenfrei),
- Grundsteuermessbetrag, Bescheid über den, (auf den 01.01.2021),
- Grundrisse (Haus, Garage, Abstellkammer),
- Liegenschaftskataster, Auszug aus dem (vom 07.01.2021),
- Schnitte und Ansichten (Haus, Garage) im JPG-Format*

*) 2021 mit Genehmigung im Bauamt abfotografiert.

15　Haftungsausschluss, verdeckte Mängel

Alle in diesem Immobilien-Exposé zusammengestellten Daten wurden gewissenhaft aus den dem Verkäufer vorliegenden Dokumenten zusammengetragen. Sie dienen lediglich einer ersten Orientierung vor einer möglichen Besichtigung Vor-Ort.

Der Verkäufer übernimmt keine Gewähr für die Richtigkeit eben dieser ihm vorliegenden Dokumente. Alle zugrunde gelegten Dokumente können Vor-Ort eingesehen und nach Rücksprache abfotografiert werden.

Tatsächlich vorliegende verdeckte Mängel sind dem Verkäufer nicht bekannt, weder durch Hörensagen noch aufgrund ihm vorliegender Dokumente.

Der Verkäufer weist trotzdem vorsorglich auf folgende mögliche Schwachstellen hin:

Keller:　　　*Abblätternder Putz an einigen Stellen der Kelleraußenwände könnte Feuchtigkeit als Ursache haben. Schimmelbildung oder ungewöhnliche Feuchtigkeit sind jedoch für den Verkäufer nicht erkennbar.*

Heizungsanlage:　　*Eine Reparatur oder ein Austausch der Heizungsanlage im Keller könnte aufgrund des Alters mittelfristig erforderlich werden.*

Isolierung:　　*Die Isolierung entspricht nicht dem heutigen Stand der Technik, siehe Energieausweis.*

Beurteilen Sie bitte den aus Sicht des Verkäufers unkritischen Zustand des Hauses selber vor Ort im Rahmen einer vereinbarten Hausbesichtigung.

16　Revisionen

Version 1.1 vom 07.01.2022:

alle URLs	*auf Aktualität geprüft,*
im Kapitel Abfallentsorgung	*Entgelte aktualisiert,*
im Kapitel Versicherungen	*Beiträge aktualisiert.*

17   Übergabeprotokoll

Das Grundstück mit Gebäude in der Musterstraße 7, 12358 Musterstadt wurde heute wie nachfolgend beschrieben im Rahmen eines notariellen Immobilienverkaufes dem Käufer vom Verkäufer übergeben:

17.1   Grundstück

Das Grundstück ist frei von Müll und ohne wesentliche sichtbare Schäden.

17.2   Gebäude

Das Gebäude enthält eine gepflegte Einbauküche, eine Markise, überwiegend hochwertiges Mobiliar sowie Werkzeuge und Gartengeräte. Das Gebäude ist frei von Müll. Mögliche kritische Mängel sind im Exposé beschrieben, welches Teil dieses Übergabeprotokolls ist und welches dem Käufer vor Abschluss des Kaufvertrages vollständig in dieser Version übergeben wurde.

17.3   Mülltonnen

Restabfall-Tonne (schwarz, schwarzer Deckel):	*80 l, entleert,*
Bioabfall-Tonne (schwarz, brauner Deckel):	*80 l, entleert,*
Gelbe-Tonne (gelb):	*240 l, entleert.*

17.4   Dokumente

„Haus-Doku 1/3: Haus, Grundstück":	*1 Ordner,*
„Haus-Doku 2/3: Einbauten, Mobiliar":	*1 Ordner,*
„Haus-Doku 3/3: Geräte":	*1 Ordner.*

Der Inhalt des Ordners „Haus-Doku 1/3: Haus, Grundstück" enthält u. a. die in den vorangegangenen Seiten (Exposé) beschriebenen Dokumente.

17.5   Zählerstände Gas, Strom, Wasser

Gas (Zählernummer 1235813):	_ _ _ _ _ _ , _ _ _ _	*m3*
Strom (Zählernummer 1235813):	_ _ _ _ _ _ , _ _ _ _	*kWh*
Wasser (Zählernummer 1235813):	_ _ _ _ _ _ , _ _ _ _	*m3*
Weiterer Zähler:	_ _ _ _ _ _ , _ _ _ _ _ _ _	
Fotos von den Zählerständen:	*ja* ☐ *nein* ☐	

80

17.6 Energieausweis

Der Energieausweis wurde dem Käufer im Original übergeben.

17.7 Schlüssel, Fernbedienungen

für Haustür (Zylinder 35-40)	*-6- Schlüssel,*
für Kellertür (Zylinder 25-35)	*-3- Schlüssel,*
für Fenster EG, Fenster OG, Terrassentür, Balkontür	*-6- Schlüssel,*
für Fenster Keller	*-6- Schlüssel,*
für Garagentor	*-2- Fernbedienungen,*
für Garagentür (Zylinder 30-45)	*-3- Schlüssel,*
für Gartenzauntür	*-3- Schlüssel,*
für Briefkasten	*-3- Schlüssel,*
für Dachluke Dachgeschoss (Vorhängeschloss)	*-2- Schlüssel,*
für Dachluke Spitzboden (Vorhängeschloss)	*-2- Schlüssel.*

Es ist dem Verkäufer nicht bekannt, dass weitere Schlüssel oder Fernbedienungen bei ihm oder Dritten hinterlegt sind. Der Verkäufer lehnt jegliche Haftung für Schäden ab, die durch das Vorhandensein weiterer, ihm nicht bekannter entsprechender Schlüssel oder Fernbedienungen entstehen. Der Verkäufer empfiehlt deshalb dringend zeitnah den Austausch der Schließzylinder für Haustür, Kellertür und Garagentür sowie den Abschluss einer Hausratsversicherung.

Musterstadt, den

_____   _____

alle Verkäufer: *alle Käufer:*
Vorname, Name, Unterschrift   *Vorname, Name, Unterschrift*

81

9 Vermarktung

9.1 Vorüberlegungen

Das Exposé bietet im Vergleich zu Inseraten umfangreichere Möglichkeiten für ausführliche Inhalte und individuelle Gestaltungen. Seine Existenz ist darüber hinaus nicht an Anzeigenkosten gebunden und es kann außerdem digital verschickt werden. Allerdings muss das Exposé im Gegensatz zu Inseraten in Zeitungen oder Immobilienportalen vermarktet werden. Nachfolgend werden deshalb übliche Vermarktungsstrategien aufgezeigt, bei denen das Exposé stets als mittelbares, aber dafür als wesentliches Vermarktungstool eingesetzt werden kann.

9.2 Handzettel, Hinweisschild, Zeitungsanzeigen

Aus dem Exposé können Sie Handzettel oder Flyer gestalten, die Sie dann in der Nachbarschaft austeilen oder an sog. schwarzen Brettern aufhängen. Beachten Sie hierbei öffentliche und private Vorschriften zum Verteilen von Flyern sowie Sperrvermerke an Briefkästen (*Bitte keine Werbung ...*). Ein Hinweisschild am Haus (*Haus von privat zu verkaufen*) kann ebenso Wirkung erzielen. Mit dem ergänzenden Hinweis: *Exposé anfordern unter verkaeufer@...de* haben Sie eine Vermarktungsmöglichkeit geschaffen.

Zeitungsanzeigen haben eine zeitlich sehr eingeschränkte Gültigkeit und müssen häufig aufgrund der Kosten kurzgehalten werden: Sie müssen mit Abkürzungen (EFH, Bj, Wfl ...) arbeiten. Möchten Sie inserieren, gestalten Sie Ihre Anzeige z. B. in Anlehnung an vorhandene Anzeigen.

Der Kreis der erreichbaren Interessenten ist bei diesen Optionen regelmäßig auf die Nachbarschaft bzw. Leserschaft begrenzt, die allerdings diese Information an Dritte weiterleiten können.

9.3 Immobilienportale

Mit den Daten eines ausführlichen Exposés können Sie zügig die Pflichtfelder sowie weitere Textfelder eines Immobilienportals ausfüllen. Wählen Sie in Ihrer Überschrift die Schlüsselwörter (*Spielstraße, von Privat* ...), die Interessenten ansprechen und Suchmaschinen finden sollen. In den meisten Immobilienportalen können Sie ihr Exposé als PDF zum Download anbieten. Einige Immobilienportale bieten sogar die Erstellung virtueller Touren an.

Unterschätzen Sie nicht die Kosten für ein Inserat in den gängigen Online-Immobilienportalen. Suchen Sie nach Möglichkeiten, in Online-Kleinanzeigen kostenlos zu inserieren.

9.4 Eigene Website

Für eine eigene Website benötigen Sie Webspace, HTML/CSS- bzw. Website-Baukasten-Kenntnisse sowie Wissen zur Anbieterkennzeichnung und Datenschutzerklärung. Des Weiteren, und das ist entscheidend, müssen Sie die Website vermarkten.

Aber auch ohne Vermarktung können Sie einen solchen Internetauftritt zumindest als ergänzende Informationsquelle (z. B. für Videoaufnahmen oder virtuelle Rundgänge) zu einem Flyer oder einem Inserat nutzen. Kennen Sie sich mit Anbieterkennzeichnungen und Datenschutzerklärungen nicht aus, dann sollten Sie passwortgeschützte (Stichwort *.htaccess*) Websites in Betracht ziehen. Sie können auserwählten Interessenten einen zeitlich begrenzten Zugang mittels einer Kombination aus Benutzername und individuellem Passwort verschaffen.

Insbesondere für ergänzende Informationen, die nicht in einem Exposé eingebunden werden können (Videos, virtuelle Rundgänge ...) ist die Nutzung einer eigenen Website interessant.

10 Kontakt-Schnittstelle

10.1 Vorbemerkung

Im Immobilienverkauf sind Telefon, E-Mail, Kontaktformulare und ggf. Instant Messaging zurzeit die üblichen Kommunikations-Schnittstellen. Briefpost wird nur noch verlangt, wenn eine Unterschrift erforderlich ist (Anträge an das Grundbuchamt, ggf. Kündigung eines SEPA-Mandates ...).

Sie werden vielleicht von 50 bis 100 Interessenten kontaktiert, teilweise mehrfach. Hinzu kommen Ihre Antworten, u. U. mit Anhängen (PDF, JPG). Einige Hundert Nachrichten innerhalb eines Verkaufsprozesses können nichts Ungewöhnliches sein.

Eine große Menge von Anfragen (davon soll man – positiv gedacht – ausgehen) und deren Beantwortungen müssen geordnet werden: Jeder Interessent sollte einen digitalen Ordner erhalten. Vergeben Sie jedem Interessenten (also jedem digitalen Ordner) eine laufende Nummer und benennen Sie die digitalen Ordner für eine Sortierung nach Eingang etwa wie folgt:

```
001_Hamster
002_Biber
003_Fuchs
```

oder für eine Sortierung nach Namen wie folgt

```
Biber_002
Fuchs_003
Hamster_001
```

Mit der Verwendung einer laufenden Nummer können Sie Rückschlüsse auf den Eingang der Anfrage ziehen. Sie können außerdem die Interessenten anonymisieren (Interessent „3"). Siehe hierzu auch das Kapitel *Datenschutz und Urheberrecht*. Nachfolgend die Vor- und Nachteile dieser Schnittstellen.

10.2 Telefon

Das Telefon bietet in vielen Fällen die einfachste Möglichkeit, offene Fragen schnell und einfach zu beantworten und ggf. im Vorfelde relativ einfach die Ernsthaftigkeit sowie die Bonität des Interessenten in Erfahrung zu bringen.

Hier macht eigentlich nur eine Mobilnummer Sinn: Durch eine innerhalb gewöhnlicher Geschäftszeiten nicht besetzte Festnetznummer, u. U. noch i. V. m. einem Anrufbeantworter, kann man Interessenten verlieren.

Rechnen Sie aber auch damit, ungewollte, aufdringliche oder vielleicht sogar aggressive Telefonanrufe zu erhalten. Die Gefahr, sensible Auskünfte (Adresse, Festnetznummer, Schmerzgrenze ...) ungewollt zu erteilen, dürfte am Telefon deutlich höher liegen als im Schriftverkehr.

Berücksichtigen Sie, dass Sie sich regelmäßig Telefonnotizen machen müssen (Papierkram gilt es aber zu vermeiden) und dass Sie Ihren Besichtigungskalender vielfach parat haben müssen. Bei Anfragen nach Dokumenten müssen Sie zusätzlich auf E-Mail ausweichen, also zweigleisig fahren.

10.3 Instant Messaging

Instant Messaging vereint die Vorteile von Telefon und E-Mail (vorausgesetzt, Sie haben alle Dokumente auf Ihrem Smartphone). Aber auch hier gilt: Mangelnde Distanz verleitet zu ungewollten Aussagen. Diese Form dürfte eher die Ausnahme für solche Geschäfte zwischen Unbekannten sein.

10.4 E-Mail

E-Mail verzichtet auf einfache und schnelle Beantwortung, bietet aber die sauberste und komfortabelste Dokumentation und eine angemessene Distanz zu unbekannten Interessenten.

Richten Sie sich ggf. eine neue E-Mail-Adresse ein, um den Hausverkauf von Ihrer privaten Tätigkeit sauber zu trennen. Bei einem Gemeinschaftsverkauf (Ehepaar, Erbengemeinschaft …) kann der Account ggf. gemeinsam genutzt werden. Im Anschluss an den Hausverkauf kann der Account wieder gelöscht werden.

Bei Nutzung eines Immobilienportals lassen Sie sich die Anfragen an ihren E-Mail-Account weiterleiten und antworten Sie nur von diesem Account. Nutzen Sie dazu die entsprechende Immobilienportal-Funktion *Weiterleitung der Anfragen* o. ä. Damit bleiben Sie unabhängig von der möglicherweise in Anspruch genommenen, aber zeitlich begrenzten Mitgliedschaft eines Immobilienportals.

Dieser neue E-Mail-Account wäre dann die zentrale Anlaufstelle für ihre Vermarktung. Die E-Mail-Adresse muss dann natürlich im Exposé sowie in den ggf. verwendeten Flyern und Inseraten unbedingt als zentrale Kontaktmöglichkeit aufgeführt werden. Unabhängig von dieser Vorgehensweise können Sie potenziellen Käufern später ergänzend Ihre Mobilnummer bekannt geben.

Die Beantwortung von Anfragen mit einer standardisierten Antwort (Signatur) erleichtert den Prozess, insbesondere i. V. m. dem Hinweis, dass viele Fragen durch das Exposé beantwortet werden (welches Sie als Anlage direkt oder über den Hinweis auf die Download-Möglichkeit im Inserat indirekt bereitstellen können).

Eine E-Mail-Signatur könnte wie folgt aussehen:

Sehr geehrte(r) …

danke für Ihr Interesse an der Immobilie Musterstraße 7 in 12358 Musterstadt, inseriert in www…de (Immobilienportal-ID: 1235813) im Januar 2022.

In dieser Immobilienportal-Anzeige finden Sie unter „Weitere Dokumente" auch ein Exposé zum Download mit ergänzenden Informationen.

Wir können Ihnen gerne folgenden Besichtigungstermin anbieten:

Samstag, den DD.MMM.JJJJ um … Uhr.

Wir bitten um kurze Terminbestätigung unter Nennung des Verfahrens: Vor-Ort-Besichtigung oder Besichtigung per Videochat über Jitsi Meet.

Im Falle eines Videochats erhalten Sie kurz vor Beginn per E-Mail einen Link und ein Passwort.
Nicht bestätigte Termine können nicht wahrgenommen werden.

Für eine Besichtigung haben wir für Sie (max. 4 Personen) eine Stunde reserviert. Während der Besichtigung können Sie gerne Fotos und Notizen machen. Grundrisse (DIN A4) und Papier für Notizen liegen Vor-Ort aus.

Die Mitnahme von Haustieren in das Haus ist im Rahmen von Hausbesichtigungen leider nicht gestattet. Ggf. müssen sie auf der Terrasse „warten".

Alle E-Mails werden täglich bis spätestens 20:00 Uhr abgefragt und danach grundsätzlich innerhalb von 24 h beantwortet.

Bei Hausbesuchen ist regelmäßig eine weitere Person der Hausgemeinschaft dabei.

Mit freundlichen Grüßen

Frau Musterverkäuferin
Eigentümerin der Musterstr. 7

Bei Ausbleiben einer Bestätigung leiten Sie o. g. E-Mail nochmals an den Interessenten weiter mit der Ergänzung:

Sehr geehrte(r) …

wir haben Ihnen einen Besichtigungstermin angeboten (s. beigefügte E-Mail). Bitte bedenken Sie: nicht bestätigte Termine können nicht wahrgenommen werden.

Mit freundlichen Grüßen

Frau Musterverkäuferin

Sofern auch nach einer solchen Erinnerung eine Antwort ausbleibt, können Sie den Termin an einen anderen Interessenten vergeben.

Versuchen Sie, die gesamte E-Mail-Korrespondenz mit einem Interessenten durch Verwendung der E-Mail-Funktionen „Antworten" oder „Weiterleiten" historisch zusammenzuhalten.

10.5 Anfragen bewerten

Mit großer Wahrscheinlichkeit kontaktieren Sie Makler. Sofern die Makler nur Ihre Dienste anbieten möchten, bleibt es Ihnen überlassen, darauf zu antworten.

Auch werden Sie Anfragen erhalten, denen es an Tiefgründigkeit mangelt: „Hallo, habe Interesse am Haus" oder „Moin, bitte um Informationen". Bei Zweifel an der Ernsthaftigkeit kann man vorläufig von einer Besichtigung absehen und wie folgt antworten:

Sehr geehrte(r) …

danke für Ihr Interesse an der Immobilie Musterstraße 7 in 12358 Musterstadt, inseriert in www…de (Immobilienportal-ID: 1235813) im Januar 2022.

In dieser Immobilienportal-Anzeige finden Sie unter „Weitere Dokumente" auch ein Exposé zum Download mit ergänzenden Informationen.

Mit freundlichen Grüßen

Frau Musterverkäuferin

Auch ist es möglich, dass Sie E-Mails von angeblichen Interessenten erhalten, die den Kauf auf undurchsichtige, zwielichtige oder kuriose Art abwickeln möchten. Recherchieren Sie z. B. den Begriff *Rip Deal* im Internet für weitere Information. Die einschlägigen Empfehlungen zu solchen dubiosen E-Mails lauten: nicht antworten.

11 Besichtigungen

11.1 Organisation von Besichtigungen

Besichtigungstermine – egal, ob vor Ort oder per Videochat – sollten aus Gründen eines guten Zeitmanagements konsolidiert werden. Nachfolgend wird eine mögliche Vorgehensweise beschrieben, aus der Sie Ihre persönliche ableiten können:

1. Als Besichtigungstermine stellen Sie z. B. nur Samstage zur Verfügung.

2. Als Zeitfenster legen Sie 10:00 Uhr bis 16:00 Uhr (Besichtigung bei Tageslicht) fest.

3. Anfragen von Samstag bis folgenden Freitag verteilen Sie auf den folgenden Samstag unter Benutzung Ihrer E-Mail-Signatur (siehe Kapitel: *E-Mail*).

4. Tragen Sie den Termin in Ihren Kalender ein (z. B. in den Kalender Ihres E-Mail-Accounts): Uhrzeit I Name I NN.

5. Ändern Sie nach Eingang der Bestätigung den Eintrag in Uhrzeit I Name I OK.

6. Verlangen Sie rechtzeitig Terminbestätigungen: Leiten Sie Ihr Antwortschreiben nochmals an den Interessenten weiter mit dem Hinweis: kein Besichtigungstermin ohne Terminbestätigung (siehe Kapitel: *E-Mail*).

7. Vergeben Sie nicht-bestätigte Besichtigungstermine rechtzeitig neu, um Leerlaufzeiten zu vermeiden.

8. Beschränken Sie ggf. die Anzahl der Interessenten pro Besichtigungstermin.

Bei gefragten Immobilien muss dieses Verfahren wie ein Uhrwerk laufen. Bei weniger gefragten Immobilien sollten Sie das Intervall von einer Woche auf z. B. zwei oder drei Wochen erhöhen.

11.2 Bereitstellung von Antworten

Mit einem guten Exposé halten Sie bereits viele Antworten parat. Bereiten Sie sich aber auch auf möglicherweise unangenehme Fragen zu Nachbarn, Mietern (bei einem vermieteten Objekt), Straßen- oder Fluglärm, in der Nähe befindlichen Strommasten usw. vor, deren Antworten nicht dem Exposé aus Gründen des Datenschutzes oder der Opportunität entnommen werden können.

11.3 Durchführung von Besichtigungen

Leerstehende Häuser erfordern ggf. vor dem ersten Termin eines Besichtigungstages vorbereitende Maßnahmen: Lüften, ggf. Heizung aufdrehen, Wasser aufdrehen, Laub zumindest im Eingangsbereich fegen ... Sie bestimmen den Umfang vorbereitender Maßnahmen, die meistens – wenn auch nicht signifikant – verkaufsfördernd wirken können. Auch aus diesem Grunde sind Besichtigungstermine zumindest bei leerstehenden Häusern zu konsolidieren.

Ihr Auftreten beeinflusst den Verkauf: Begrüßen Sie die Interessenten mit Namen, geben Sie den Interessenten Zeit für Fragen und beantworten Sie sie nicht beschönigend, ausweichend, hektisch. Vermeiden Sie bagatellisierende Redewendungen wie: „Die alte Elektrik ist schnell saniert". Halten Sie Unterlagen bereit: aktuellen Grundbuchauszug, Grundrisse ...

Halten Sie Trinkwasser und Gläser bereit, im Gäste-WC oder Bad sollten Papierhandtücher und Abfalleimer vorhanden sein.

Lassen Sie während der Besichtigung keine Schlüssel und Wertgegenstände offen herumliegen, das kann Interessenten irritieren. Gewähren Sie den Interessenten genügend Freiraum, bei Paaren etwa für private Gespräche, bei Einzelpersonen für Telefonate.

Versuchen Sie, die Finanzstärke der Interessenten vorsichtig zu eruieren. Wenn keine ausreichende Bonität vorhanden ist, wird ein zweiter Besichtigungstermin schnell zur verschenkten Liebesmüh. Ziehen Sie drastische Möglichkeiten in Betracht, indem Sie Interessenten nur bei Vorlage einer bestehenden Finanzierung einen weiteren Besichtigungstermin gewähren.

Im Anschluss an einen Besichtigungstermin machen Sie sich Notizen freiwilliger Auskünfte: Datum, Uhrzeit, Namen, Kinder, Interessen, handwerkliche Begabung, Haustiere … So können Sie bei einem möglichen zweiten Besichtigungstermin gezielter auf deren Wünsche und Anforderungen eingehen und sie somit ein wenig mehr gewinnen. Denken Sie dabei an den Datenschutz. Verwenden Sie ggf. Namenzeichen statt Namen.

Bei leerstehenden Häusern sichern Sie am Ende des Besichtigungstermines das Haus: Wasser abdrehen, Herd prüfen (sofern die Herd-Sicherung nicht permanent ausgeschaltet ist) …

11.4 Auswertung der Besichtigungen

Nutzen Sie Ihren Besichtigungskalender oder aber eine separate Kalkulationstabelle für Notizen über durchgeführte Besichtigungen – unter Beachtung des Datenschutzes. Mit diesen Daten können Sie ggf. Ihre „Maklertätigkeit" verbessern:

1. Ein Interessent zieht während oder nach der Besichtigung sein Interesse zurück. Hätte man sich den entsprechenden Besichtigungstermin sparen können, wenn das Inserat oder das Exposé etwas aussagekräftiger gestaltet worden wäre? Dann sollten Sie ein Update Ihres Exposés in Betracht ziehen.

2. Ein Interessent wirkt unbeholfen, unerfahren, technisch nicht versiert, unentschlossen. Was ist, wenn er weitere Besichtigungstermine wünscht, die möglicherweise ähnlich

verlaufen und den Prozess in die Länge ziehen – mit ungewissem Ausgang? Wäre hier ein unterstützendes Gespräch beim zweiten Besichtigungstermin oder gar vor diesem Termin angemessen?

3. Ein Interessent gibt ein Gegenangebot unterhalb Ihrer Schmerzgrenze ab. Bedanken Sie sich für das Angebot und lehnen Sie es freundlich ab unter dem Hinweis, dass man gerne darauf zurückkommen würde, falls sich die eigenen Erwartungen nicht erfüllen sollten. Verprellen Sie aber keine Interessenten.

4. Ein Interessent gibt sich beim Besichtigungstermin als Makler aus. Es ist nicht besonders zeitaufwendig, die Namen der Interessenten vorab im Internet zu recherchieren.

5. Sie haben das Gefühl, die Interessenten waren nur neugierig oder suchten eine Abwechslung oder Unterhaltung. Versuchen Sie, die Ernsthaftigkeit der E-Mail-Anfragen der Interessenten ggf. vor einem Besichtigungstermin zu hinterfragen.

6. Interessenten erscheinen trotz Zusage nicht zum Termin. Dagegen kann man wenig machen.

7. Wenn Sie das Gefühl haben, dass Ihre Zeit zu sehr beansprucht wird, dann ziehen Sie virtuelle Rundgänge in Betracht – siehe Kapitel *Fotos, Videos und virtuelle Rundgänge*.

11.5 Preiskorrekturen

Eine Immobilie kann über einige Monate durchaus Hundert Besichtigungen generieren oder aber sehr wenige: Der Verkaufspreis ist i. d. R. ein wichtiger Parameter, über den sich die Anzahl der Interessenten einstellen lässt. Korrigieren Sie diese Größe aber mit Bedacht und erst nach Auswertung einer genügend großen Menge von Besichtigungen.

Die größte Gefahr sind Zweifel oder Resignation bei Ausbleiben der Interessenten, die einen zu schnellen Preiskorrekturen nach unten bewegen. Die beste Abwehr ist es, im Vorfeld Alternativen bereitzuhalten: Interessenten ggf. noch mal ansprechen, Exposé aufwerten ... Auch ist es Ihnen überlassen, sich eine Auszeit zu nehmen sowie Online-Besichtigungen oder virtuelle Besichtigungen in Erwägung zu ziehen. Die laufenden Betriebskosten sollten dabei natürlich nicht unberücksichtigt bleiben.

Aber bei steigenden Immobilienpreisen kann ebenso eine Preiskorrektur nach oben in Betracht gezogen werden.

11.6 Besichtigungen per Videotelefonie

Alternativ zu einer Vor-Ort-Besichtigung können Sie eine Besichtigung per Videotelefonie (Videochat) anbieten. Sie und der Interessent benötigen hierfür ein Smartphone oder Tablet, vorzugsweise ein kabelloses Headset, einen Videochat-Anbieter und eine gute Internetverbindung. Berücksichtigen Sie, dass eine Minute Videochat etwa 5 MB Datenvolumen, eine halbe Stunde Besichtigung somit ca. 150 MB verbraucht. Überprüfen Sie, ob diese Voraussetzung vorhanden ist oder sich kostengünstig realisieren lässt.

Vorteilhaft bei Besichtigungen sind Videochat-Anbieter, bei denen kein Konto (Benutzername und E-Mail) erforderlich ist und nur Kosten für die Internetverbindung anfallen. Dann sind Sie und der Interessent unabhängig von einem Anbieter und müssen keine persönlichen Einwahldaten untereinander preisgeben.

Ein Beispiel für einen solchen Anbieter wäre *Jitsi Meet* (*https://meet.jit.si/*), eine Open-Source-Anwendung, für die Sie und der Interessent (wenn er nicht von zu Hause aus den PC-Browser verwendet) lediglich ein Smartphone mit der App des Anbieters

(*Jitsi Meet*) benötigen. Bei dieser Anwendung laden Sie den Interessenten über E-Mail per Link und Passwort ein. Wenn Sie sichergehen wollen, senden Sie Link und Passwort in zwei getrennten E-Mails.

Nachfolgend noch ein paar Tipps für einen Videochat:

1. Entwerfen Sie ein kurzes Drehbuch: Der Interessent soll z. B. von der Straße aus durch das Haus in der Reihenfolge Vorgarten, Eingangstür, Erdgeschoss, Obergeschoss, Dachgeschoss, Keller und Garten ohne hektische Sprünge geführt werden. Das Drehbuch unterstützt Sie bei der Einhaltung Ihres Zeitplanes.

2. Verwenden Sie zur Vermeidung von Umgebungsgeräuschen, Körperschall und zur Verbesserung der Sprachqualität ein Bluetooth-Headset.

3. Arbeiten Sie mit der AE/AF-Sperre Ihres Smartphones, um ein Springen des Fokus, der Belichtung und des Weißabgleichs während der Besichtigung zu vermeiden. Informieren Sie sich hierzu in der Bedienungsanleitung Ihres Smartphones.

4. Sorgen Sie vor dem Chat für ausreichende, gleichmäßige Lichtverhältnisse in den Räumen, schalten Sie ggf. das Licht in einzelnen Räumen ein.

5. Für ein Gespräch schalten Sie in der App die Frontkamera, für die Besichtigung die Rückkamera ein.

6. Halten Sie die Kamera möglichst in Augenhöhe, damit eine Frosch- und Vogelperspektive sowie Verzerrungen vermieden werden.

7. Schauen Sie in die Kamera und nicht an ihr vorbei: die kürzeste Verbindung zum Interessenten ist der Augenkontakt.

Achten Sie auch auf das Framing: Der Kopf sollte nicht abgeschnitten und eher in der oberen Hälfte vom Bild positioniert sein.

8. Bewegen Sie sich während der Videoaufnahme so, wie ein Interessent sich bewegen würde: ruhig, langsam, immer vorwärtsgehend. Bleiben Sie vor dem Betreten eines Raumes kurz stehen und machen Sie einen langsamen Schwenk durch den Raum, um einen Überblick einzufangen. Halten Sie die Kamera immer in Augenhöhe. Die Kamera soll Bewegungen und Blickwinkel der Interessenten ersetzen.

9. Filmen Sie in einem Raum vorzugsweise nahe von den Wänden aus, um möglichst viel Information einzufangen. Interne oder externe Weitwinkel unterstützen diesen Effekt. Kaum ein Interessent stellt sich in die Mitte eines Raumes und dreht sich um 360 Grad, um Eindrücke zu sammeln.

Proben Sie eine solche Besichtigung mit Freunden oder Bekannten und machen Sie sich vertraut mit den Funktionen der von Ihnen gewählten Videochat-Anwendung. Testen Sie, ob Sie überall im Hause eine Internetverbindung haben.

11.7 Besichtigungen per virtuellem Rundgang

Virtuelle Rundgänge können Vor-Ort-Besichtigungen in einem begrenzten Umfang ersetzen. Das vorangegangene Kapitel *Fotos, Videos und virtuelle Rundgänge* liefert hierzu die entsprechenden Informationen. Ziehen Sie diese Möglichkeit rechtzeitig in Betracht, wenn Ihr Zeitkontingent für Vor-Ort-Besichtigungen begrenzt ist, Sie professionell auftreten möchten oder Sie einfach nur Besichtigungstouristen lieber vor dem Bildschirm als Vor-Ort wissen möchten. Bei leerstehenden, weit entfernten Objekten muss diese Option eigentlich in Betracht gezogen werden.

12 Verhandlungen

12.1 Preisverhandlungen

Der Kaufvertrag über ein Grundstück bedarf der notariellen Form. Vorangegangene, nicht-notarielle Vereinbarungen sind regelmäßig unwirksam, vgl. § 873 BGB, insbesondere aber das Urteil V ZR 11/17 des BGH vom 13.10.2017.

Mit dem Inserat haben Sie ein Angebot getätigt. Auch wenn Sie den Kaufpreis mit dem Kürzel „VB" (Verhandlungsbasis) ergänzt haben. Die Antwort auf ein Angebot ist stets eine Annahme oder ein Gegenangebot seitens des Interessenten.

Fragen der Interessenten nach Ihrer „äußersten Schmerzgrenze" (eine beliebte Floskel) oder nach Ihrem „Spielraum" beantworten Sie stets mit der Bitte, dass der Interessent vorrangig an der Reihe ist, ein Gegenangebot zu liefern.

Mit welcher Begründung sollten Sie Ihre monetäre Schmerzgrenze offenlegen? Inserate enthalten ja i. d. R auch keine sog. Schmerzgrenzen oder Spielräume.

Die Regeln in Anlehnung an die einschlägigen, kaufmännischen Gepflogenheiten lauten:

Angebot (Verkäufer) – Annahme (Interessent)

oder im Fall von Verhandlungen:

Angebot (Verkäufer) – Gegenangebot (Interessent) – Gegenangebot (Verkäufer) … Annahme (Verkäufer oder Interessent).

Weichen Sie nicht hiervon ab, da Sie ansonsten sofort in die Defensive geraten.

In der Regel müssen Sie mit mehreren Wochen von der Bestellung eines Notariatstermins bis zur Hausübergabe rechnen. Es besteht also im Grunde kein Anlass, nicht jedes Gegenangebot mindestens eine Nacht zu überschlafen.

Sofern Sie unter Termindruck stehen, werden Sie sich diesen natürlich nicht anmerken lassen.

Erzielen Sie Einigkeit, dann lassen Sie sich vom Interessenten die Finanzierung aufzeigen. Erst nach Prüfung und ggf. Rücksprache mit möglichen Finanzdienstleistern des Interessenten sollten Sie den Weg zum Notariat beschreiten.

12.2 Verhandlungen über bewegliche Sachen

Bemessungsgrundlage der Grunderwerbssteuer ist der Wert der Gegenleistung, üblicherweise der Kaufpreis (§ 8 Abs. 1 GrEStG).

Regelmäßig darf aber Interieur (Einbauküche, Möbel, Markise ...), welches sich zerstörungsfrei entfernen lässt und getrennt nutzbar ist, aus der Bemessungsgrundlage herausgerechnet werden, vgl. z. B. FG Köln I 08.11.2017 I 5 K 2938/16.

Beispiel:

Grunderwerbssteuer	6,5 %,
Verkaufspreis	400.000 EUR
darin enthaltenes Interieur	10.000 EUR
Bemessungsgrundlage GrESt	390.000 EUR
Ersparnis	6,5 % x 10.000 EUR = 650 EUR

Diese Feinheiten sollte der Käufer mit dem Notariat besprechen. Mögliche Kreditgeber sollten rechtzeitig eingebunden werden, da solche Korrekturen den Beleihungswert senken und damit möglicherweise die Vereinbarungen im Kreditvertrag stören. Höhere Zinsen, ggf. auch Kündigung, könnten die Folgen sein.

12.3 Reservierungsvereinbarung und Vorvertrag

Reservierungsvereinbarungen stellen ein unverbindliches Entgegenkommen an Interessenten dar. Über die rechtliche Wirksamkeit von sog. Reservierungsgebühren bietet das Internet ausreichende Informationen.

Vorverträge (Erklärungen über Verkaufs- und Kaufabsicht) bedürfen für ihre Wirksamkeit der notariellen Form (§ 311b Abs. 1 BGB). Im Gegensatz zu Reservierungsvereinbarungen kann hier eine wirksame Schadensersatz-Klausel vereinbart werden für den Fall, dass Verkäufer oder Käufer von ihren Verkaufs- bzw. Kaufabsichten zurücktreten.

12.4 Finanzdienstleister

Finanzdienstleister, welche Interessenten bei der Finanzierung unterstützen, kontaktieren nicht selten den Verkäufer direkt zwecks Einholung von entsprechenden Dokumenten der Immobilie. Das ist üblich: Kreditgeber prüfen vor einer möglichen Kreditvergabe das Kaufobjekt, den Wert Ihres Grundpfandrechtes.

Grundsätzlich sollte die Abwicklung einfach sein, da Ihre Dokumente alle digital vorliegen sollten. Zusendung per E-Mail, Bereitstellung über eine Cloud ...

Der Verkäufer sollte aber prüfen, ob das tatsächlich seine Aufgabe ist oder ob er den Finanzdienstleister an den Interessenten verweist. Schließlich hat der Interessent den Finanzdienstleister beauftragt und sollte solche Unterlagen selber anfordern und weiterleiten. Stimmen Sie keiner Vereinbarung mit dem Finanzdienstleister zu, die Sie nicht überblicken können – auch nicht möglicherweise konkludent durch erbetene Weiterleitung angeforderter Dokumente.

13 Kaufvertrag

13.1 Der Aufgabenbereich des Notariats

Kaufverträge über Grundstücke haben eine hohe wirtschaftliche Bedeutung und erfordern für ihren Vollzug entsprechende Änderungen im Grundbuch. Der Gesetzgeber hat deshalb für solche Kaufverträge die notarielle Form, die Beurkundung vorgeschrieben (§ 311b Abs. 1 BGB). Das dient einerseits dem Schutz einer Vertragspartei vor möglichen Fehlern (z. B. ungesicherten Vorleistungen, ungewollten Kauf mit Lasten in Abt. II des Grundbuches), anderseits dem geordneten Ablauf behördlicher Notwendigkeiten durch einen geschulten, unabhängigen und neutralen Dritten (vgl. z. B. § 18 Abs. 1 GrEStG, § 15 Abs. 3 GBO)

Die Aufgaben des Notariats gliedern sich in mehrere Schritte, die nachfolgend erläutert werden und mit der Vereinbarung eines Notartermins (gewöhnlich durch den Käufer) beginnen. Diese Schritte sind vereinfacht dargestellt und dienen lediglich als Ansatz für weitere Erkundigungen beim Notariat oder bei den Finanzdienstleistern bei Bedarf.

1. Anforderung benötigter Personendaten (Name, Anschrift, Bankverbindung, steuerliche Identifikationsnummer ...) und angestrebter Beurkundungs- und Übergabetermin vom Verkäufer und Käufer sowie einiger Hausdokumente und den Verkaufspreis vom Verkäufer. Sofern Grundschulden vom Verkäufer gelöscht oder Grundschulden vom Käufer eingetragen werden sollen, sind dem Notariat entsprechende Löschungsbewilligungen bzw. Finanzierungsdokumente vorzulegen. Nach Bestellung eines Notartermins prüft das Notariat das Grundbuch hinsichtlich der Eigentumsverhältnisse (Abt. I), der Lasten und Beschränkungen (Abt. II) sowie der

Hypotheken, Grund- und Rentenschulden (= Grundpfandrechte) (Abt. III). Die Erkenntnisse dieser Prüfungen fließen in den Vertragsentwurf ein.

2. Erstellung eines Kaufvertragsentwurfes, Zusendung an Käufer und Verkäufer, mögliche Berücksichtigung von Änderungswünschen in einem iterativen Verfahren.

3. Ausführung des eigentlichen Notartermins: Überprüfung der Identität des Verkäufers und des Käufers (sofern nicht persönlich bekannt), Vorlesung des Kaufvertrages, ggf. Erläuterungen durch den Notar, ggf. handschriftliche Änderungen, Einholung der Unterschriften vom Verkäufer und Käufer, Beglaubigung durch den Notar.

4. Anforderung von Genehmigungserklärungen der Verkäufer oder Käufer, welche beim Notartermin nicht anwesend sein konnten.

5. Zeitnahe Zusendung beglaubigter Abschriften (in denen mögliche handschriftliche Änderungen (s. o.) eingeflossen sind) an Verkäufer, Käufer, Grundbuchamt, Finanzamt (für die Ausstellung des Grunderwerbsteuerbescheides, s. u.) und ggf. an Finanzierungsgläubiger.

6. Beantragung der Auflassungsvormerkung (Reservierung, Eigentumsvormerkung des Käufers, vgl. § 883 BGB) in Abt. II des Grundbuches beim Grundbuchamt. Nach Vormerkung ist das Grundstück vor dem Verkauf an einen Dritten durch den Verkäufer, vor Belastung mit Grundpfandrechten durch den Verkäufer, vor einer Zwangsversteigerung oder vor einem Zugriff durch einen Insolvenzverwalter geschützt. Das Grundbuchamt teilt dem Notariat die erfolgte Auflassungsvormerkung mit, das Notariat leitet diese Mitteilung an Verkäufer und Käufer weiter.

7. Einforderung von Löschungsbewilligungen (Bewilligungen zur Löschung von Grundschulden des Verkäufers) zwecks lastenfreien Erwerbs durch den Käufer, sofern der Verkäufer diese bei den Gläubigern nicht selbst angefordert hat. Anschließend Beantragung der Löschungen dieser Grundpfandrechte beim Grundbuchamt. Entfällt, wenn Abt. III des Grundbuches lastenfrei ist. Die Löschungsbewilligung wird erteilt, wenn der Verkäufer seine Schulden abbezahlt hat oder eine Ablösung mit der Zahlung des Kaufpreises erfolgt. Auch eine Abtretung von Grundschulden an den Käufer ist denkbar (Verrechnung über den Verkaufspreis), sofern Käufer und Gläubiger zustimmen.

8. Bestellung einer ggf. einzutragenden Grundschuld des Käufers (zur Finanzierung des Kaufpreises). Der Käufer sollte das entsprechende Grundschuldformular des Finanzdienstleisters möglichst vor dem Notartermin bereithalten, um Verzögerungen in der Finanzierung zu vermeiden.

9. Besorgung der Vorkaufsrechtsverzichtserklärung (vgl. § 24, 25 BauGB) und der sanierungsrechtlichen Genehmigung (§ 144 BauGB) von der zuständigen Gemeinde oder Stadt.

10. Benachrichtigung eines ggf. vorhandenen Verwalters der Immobilie.

11. Benachrichtigung des zuständigen Finanzamtes (Veräußerungsanzeige), damit es den Grunderwerbssteuerbescheid an den Käufer zustellen kann. Nach Bezahlung durch den Käufer erhält das Notariat vom Finanzamt eine sog. Unbedenklichkeitsbescheinigung, die für die eigentliche Grundbuchumschreibung beim Grundbuchamt vorgelegt werden muss.

12. Wenn o. g. Punkte erfüllt sind: Fälligkeitsmitteilung an den Käufer oder Finanzdienstleister, dass der Kaufpreis fällig ist.

13. Nach Mitteilung des Verkäufers über den Eingang des Kaufpreises: Vorlage der Unbedenklichkeitsbescheinigung beim Grundbuchamt, Veranlassung der Eintragung der Käufer als Eigentümer, Löschung der Auflassungsvormerkung).

14. Nach der Eintragung im Grundbuch erhalten Verkäufer und Käufer über das Notariat eine Vollzugsmitteilung des Grundbuchamtes, deren Inhalt (Abt. I, II und III) auf Richtigkeit zu prüfen ist.

Der Vollzug des Verkaufsvertrags ist also ein Prozess, der über einen längeren Zeitraum (mehrere Wochen, wenige Monate) verläuft und im Wesentlichen durch Notariat, Behörden und ggf. mitwirkenden Finanzdienstleistern ausgeführt wird.

13.2 Vereinbarung eines Notartermins

Zwar haften Käufer und Verkäufer gesamtschuldnerisch für die Notarkosten (§ 30 GNotKG), üblicherweise steht aber in der notariellen Urkunde, dass der Käufer die Kosten trägt (vgl. § 448 Abs. 2 BGB). Wenn der Kaufinteressent unschlüssig ist oder kein Notariat kennt, dann sollten Sie ihm Vorschläge unterbreiten. Kommt es unerwartet nicht zu einem Kaufvertrag, dann haftet der Besteller für die bis dahin aufgelaufenen Notariatskosten.

Nach Auswahl eines Notariats wird es sich mit Ihnen zwecks Einholung von Daten und Dokumenten in Verbindung setzen: Verkäuferdaten, Bankverbindung, Eckdaten der Immobilie usw. Sofern ein ausführliches Exposé vorliegt, können Sie bei Fragen zu Eckdaten auf dieses verweisen. Sofern eine Grundschuld-Eintragung vom Interessenten nicht übernommen wird, dann sollte spätestens jetzt eine Löschungsbewilligung vorliegen.

Vereinbaren Sie mit dem Interessenten realistische Notar- und Übergabetermine, die mit dem Notariat besprochen werden sollten. Eine Übergabe sollte weder vor der Auflassungsvormerkung noch vor der Überweisung des Geldes vereinbart werden.

13.3 Vertragsentwurf

Das Notariat erstellt einen Vertragsentwurf und lässt es dem potenziellen Käufer und dem Verkäufer zwecks Prüfung und Einwendungen zukommen. Das kann innerhalb weniger Tage einige Male hin und her gehen. Prüfen Sie unter Zuhilfenahme von Musterverträgen, z. B. aus Immobilienportalen, mindestens:

1. Ihre Daten und die des Verkäufers,
2. die Übereinstimmung der Grundstücksbezeichnung mit der aus dem Grundbuch,
3. die Kaufsumme,
4. das im Kaufpreis enthaltene Interieur,
5. Ihre Kontoverbindung,
6. die Klausel zur Löschung einer Auflassungsvormerkung bei Zahlungsverzug des Käufers,
7. die Klausel zum Gefahrenübergang (siehe Kapitel: *Gefahrenübergang, Verkehrssicherungspflichten*),
8. die Übereinstimmung des beschriebenen Zustandes des Hauses mit den Angaben Ihres Exposés,
9. das Übergabedatum.

Handeln Sie als Verbraucher (§ 13 BGB) und der Käufer als Unternehmer (§ 14 BGB), dann liegt regelmäßig ein Verbrauchervertrag vor (§ 310 BGB) und es sind zwei Wochen Bedenkzeit zwischen Vertragsentwurf und Beurkundung einzuhalten (§ 17 Abs. 2a BeurkG). Aber auch bei Verkauf von privat an privat empfiehlt sich eine ausreichende Bedenkzeit von mehreren Tagen.

13.4 Unterrichtung der Gebäudeversicherung

Nach Prüfung des Vertragsentwurfes sollte man davon ausgehen, dass es tatsächlich zu einem Abschluss kommt. Unterrichten Sie deshalb jetzt Ihren Gebäudeversicherer über den geplanten Eigentümerwechsel. Er wird Sie bitten, zu gegebener Zeit den Tag der Beurkundung, den Tag der Auflassungsvormerkung sowie den Tag der Umschreibung im Grundbuch der Versicherung mitzuteilen. Über die beiden letztgenannten Daten informiert Sie das Notariat. Bis zur Eigentumsumschreibung bleiben Sie der Vertragspartner der Gebäudeversicherung.

Nach der Eigentumsumschreibung im Grundbuch und der Unterrichtung des Versicherers (beachte § 97 VVA Abs. 1) geht die Versicherung automatisch auf den Käufer über, der dann innerhalb einer gewissen Frist von einem Sonderkündigungsrecht Gebrauch machen kann.

13.5 Beurkundung am Notartermin

Der Notar wird dem Verkäufer und dem Käufer am Notartermin den letzten, von beiden Parteien zugestimmten Vertragsentwurf vorlesen. Lassen Sie sich eine Kopie zum Mitlesen aushändigen. Änderungen, Streichungen und Ergänzungen können noch während des Notartermins in dem noch nicht unterschriebenen Kaufvertrag aufgenommen werden.

Nach Abschluss der Lesung werden Verkäufer und Käufer um Ihre Unterschrift auf der letzten Seite gebeten. Kontrollieren Sie zumindest die Verkaufssumme und Ihre Kontoverbindung im zu unterzeichnenden Vertragswerk (nicht in Ihrer Kopie). Nach Ihrer Unterschrift gibt es grundsätzlich kein Zurück mehr. Einige Tage später erhalten Sie dann die Notariatsurkunde per Post.

14 Zwischen Kaufvertrag und Grundbuchänderung

14.1 Änderung der Besitz- und Eigentumsverhältnisse

Nach den Unterschriften unter dem notariellen Kaufvertrag sind Verkäufer und Käufer an die Einigung gebunden:

Vor der Eintragung [in das Grundbuch] sind die Beteiligten an die Einigung nur gebunden, wenn die Erklärungen notariell beurkundet oder vor dem Grundbuchamt abgegeben oder bei diesem eingereicht sind oder wenn der Berechtigte dem anderen Teil eine den Vorschriften der Grundbuchordnung entsprechende Eintragungsbewilligung ausgehändigt hat. (§ 873 Abs. 2 BGB)

Nach der Übergabe der Immobilie wird der Käufer Besitzer:

Der Besitz einer Sache wird durch die Erlangung der tatsächlichen Gewalt über die Sache erworben. (§ 854 Abs. 1 BGB)

Mit der Grundbuchänderung (der Eintragungsbekanntmachung in Abt. I des Grundbuches) wird der Käufer neuer Eigentümer:

Zur Übertragung des Eigentums an einem Grundstück, zur Belastung eines Grundstücks mit einem Recht sowie zur Übertragung oder Belastung eines solchen Rechts ist die Einigung des Berechtigten und des anderen Teils über den Eintritt der Rechtsänderung und die Eintragung der Rechtsänderung in das Grundbuch erforderlich, soweit nicht das Gesetz ein anderes vorschreibt. (§ 873 Abs. 1 BGB)

Üblicherweise dauert es bis zur Grundbuchänderung mehrere Wochen bis einige Monate, weshalb eine Übergabe regelmäßig vorab erfolgt. Das bedeutet in solchen Fällen, dass der Käufer erst Besitzer, dann Eigentümer wird. Die nachfolgende Darstellung erläutert die Änderung der Besitz- und Eigentumsverhältnisse während der Verkaufsphase.

1. Notarvertrag:
   Verkäufer und Käufer erzielen Einigkeit, dass die Immobilie
   den Eigentümer wechseln soll:
   => Verkäufer = Besitzer, Eigentümer
   => Käufer = ---

2. Auflassungsvormerkung:
   Das Notariat beantragt kurz nach dem Notarvertrag beim
   Grundbuchamt die sog. Auflassungsvormerkung (Eintrag in
   Abt. II des Grundbuchblattes der Immobilie). Dadurch wird
   der Anspruch auf Eigentumsübertragung vom Verkäufer auf
   den Käufer amtlich festgeschrieben. Die Auflassungsvormer-
   kung erfolgt i. d. R. kurzfristig:
   => Verkäufer = Besitzer, Eigentümer
   => Käufer = ---

3. Kaufpreiszahlung:
   Der Käufer überweist den Kaufpreis auf ein Notarander-
   konto oder auf das Konto des Verkäufers. Erst Zahlung,
   dann Übergabe, niemals umgekehrt. Andernfalls wird der
   Käufer vor Zahlung der Besitzer. Erfolgt eine direkte Zah-
   lung an den Verkäufer, muss der Verkäufer den Eingang der
   Zahlung umgehend dem Notariat mitteilen (Details siehe
   Notarvertrag):
   => Verkäufer = Besitzer, Eigentümer
   => Käufer = ---

4. Übergabe vor der Grundbuchänderung:
   Der Verkäufer übergibt mit der Überreichung der Schlüssel
   und der Hausdokumente dem Verkäufer die Immobilie.
   Gleichzeitig müssen die Zählerstände für Strom und Wasser
   und ggf. Gas oder Fernwärme abgelesen werden.
   => Verkäufer = Eigentümer
   => Käufer = Besitzer

5. Grundbuchänderung:

Die Auflassungsvormerkung wird einige Zeit nach Eingang der Grunderwerbssteuer (dem natürlich ein Bescheid vorausgegangen ist) aus Abt. II gelöscht und der Käufer wird in Abt. I als Eigentümer eingetragen (vgl. § 873 Abs. 1 BGB):

=> Verkäufer = ---

=> Käufer = Besitzer, Eigentümer

14.2 Gefahrenübergang, Verkehrssicherungspflichten

Erfolgt die Übergabe vor der Grundbuchänderung (was üblich ist), dann fallen in der Zeit zwischen Übergabe und Grundbuchänderung die Besitz - und Eigentumsverhältnisse auseinander (s. o.). Für diese Zeit regelt das Gesetz:

Mit der Übergabe der verkauften Sache geht die Gefahr des zufälligen Untergangs und der zufälligen Verschlechterung auf den Käufer über. Von der Übergabe an gebühren dem Käufer die Nutzungen und trägt er die Lasten der Sache. Der Übergabe steht es gleich, wenn der Käufer im Verzug der Annahme ist. (§ 446 BGB)

Hierbei meint der zufällige Untergang bzw. die zufällige Verschlechterung die von keiner Vertragspartei zu vertretende Unmöglichkeit der Leistungserbringung. Schäden durch Hochwasser, Sturm und Blitzeinschlag sind Beispiele, die sich grundsätzlich keiner zurechnen lassen muss. Somit wäre der Verkäufer nach der Übergabe von solchen Risiken befreit. Die Verkehrssicherungspflicht dagegen (vgl. § 823 BGB) – also z. B. die Pflicht zur Laub- und Schneeräumung – wird in § 446 BGB nicht gesondert aufgeführt. Es empfiehlt sich deshalb, im Notarvertrag diese Pflicht mit der Übergabe an den Käufer zu übertragen. Eine mögliche Formulierung in einem Notarvertrag sollte deshalb lauten (in Anlehnung an § 446 BGB):

Die Gefahr des zufälligen Unterganges und der zufälligen Verschlechterung sowie die Verkehrssicherungspflicht gehen mit der Übergabe auf den Käufer über, wogegen ihm von diesem Tage an die Versicherungen zustehen.

14.3 Übergang der Gebäudeversicherung

Vertragspartner für die Gebäudeversicherung bleibt bis zur eigentlichen Veräußerung der Verkäufer, danach wird der Käufer Vertragspartner, Ihr Vertragsverhältnis erlischt automatisch:

Wird die versicherte Sache vom Versicherungsnehmer veräußert, tritt an dessen Stelle der Erwerber in die während der Dauer seines Eigentums aus dem Versicherungsverhältnis sich ergebenden Rechte und Pflichten des Versicherungsnehmers ein. (§ 95 Abs. 1 VVG)

Gemeint ist mit der Veräußerung nicht der Kaufvertragsabschluss, sondern die Eintragung des Käufers in Abt. I des Grundbuches – (vgl. BGH I 16.09.2016 I V ZR 29/16).

Voraussetzung für den Fortbestand des Versicherungsschutzes nach der Grundbuchänderung ist, dass die Veräußerung (Grundbucheintragung) der Versicherung vom Verkäufer oder Käufer unverzüglich angezeigt wurde, andernfalls droht dem Käufer der Verlust des Versicherungsschutzes (vgl. § 97 Abs. 1 VVG) nach der Grundbuchänderung. Üblicherweise informiert man die Versicherung bereits unmittelbar nach der Beurkundung des Kaufvertrages und nochmals nach der Grundbuchänderung.

Diese Vorgehensweise soll einen nahtlosen Übergang des Versicherungsschutzes des Gebäudes gewährleisten.

Daraus folgt aber auch, dass anscheinend eine Versicherungslücke für den Käufer zwischen Übergabe und Grundbuchänderung besteht: Gem. § 446 BGB trägt der Käufer ab dem Zeitpunkt der Übergabe (des Besitzes) die Gefahr des zufälligen Unterganges und der zufälligen Verschlechterung, anderseits ist er erst nach der Grundbuchänderung Vertragspartner der Gebäudeversicherung. Dazu der BGH:

In der Rechtsprechung und Literatur ist anerkannt, dass dem Käufer eines Grundstücks in der Zeit zwischen Gefahrübergang (§ 446 BGB) und dem Eigentumserwerb durch Eintragung im Grundbuch ein versicherbares – nach Zahlung des Kaufpreises sogar das alleinige – Sacherhaltungsinteresse zukommt und der mit dem Verkäufer bestehende Versicherungsvertrag auch ohne ausdrückliche Regelung grundsätzlich so auszulegen ist, dass dieses (fremde) Interesse darin mitversichert ist ... (BGH | 17.06.2009 | IV ZR 43/07)

Dennoch steht die Versicherungsleistung grundsätzlich dem Versicherungsnehmer zu (vgl.: BGH | 16.09.2016 | V ZR 29/16), also bis zur Eintragung des Käufers im Grundbuch dem Verkäufer. Es scheint also doch für den Käufer eine Versicherungslücke zwischen Übergabe und Grundbuchänderung vorzuliegen. Im notariellen Kaufvertrag kann deshalb geregelt werden, dass der Verkäufer die bestehende Gebäudeversicherung bis zum Eigentümerwechsel (Grundbucheintrag) fortführt und etwaige Ansprüche auf Versicherungsleistungen an den Käufer abtritt.

Voraussetzung für einen Versicherungsschutz ist, dass Beiträge gezahlt wurden (vgl. OLG Jena | 17.01.2007 | 4 U 574/06). Voraussetzung für einen vollen Versicherungsschutz ist, dass das Gebäude nicht unterversichert ist. Über solche Sachverhalte sollte bei Kenntnis des Verkäufers der Käufer entsprechend informiert werden. Regelmäßig verlangt deshalb das Notariat eine Bestätigung der Versicherung über den Nachweis eines aktuellen Versicherungsschutzes, die der Verkäufer bereithalten sollte.

Folgender amtlicher Leitsatz des BGH erläutert die Aufklärungspflichten des Verkäufers zu Gebäudeversicherungen:

a) Der Verkäufer eines bebauten Grundstücks muss den Käufer grundsätzlich nicht ungefragt darüber unterrichten, dass im Zeitpunkt des Vertragsschlusses keine Gebäudeversicherung besteht; ebenso wenig muss er ihn über eine nach Vertragsschluss erfolgte Beendigung einer solchen Versicherung informieren. Dies gilt auch dann, wenn eine Gebäudeversicherung nach der Verkehrsanschauung üblich ist.

b) Erklärt der Verkäufer dagegen vor oder bei Abschluss des Kaufvertrages, dass eine Gebäudeversicherung besteht und wird das Versicherungsverhältnis vor Umschreibung des Eigentums beendet, trifft ihn in aller Regel die vertragliche Nebenpflicht, den Käufer hierüber unverzüglich zu unterrichten.

(BGH | Beschluss vom 20. März 2020 | V ZR 61/19)

Anmerkung zu b): Aus der Nichterfüllung dieser Nebenpflicht können Schadensersatzansprüche des Käufers resultieren.

Die Risiken aus § 836 Abs. 2 BGB müssen ggf. separat versichert werden:

Ein früherer Besitzer des Grundstücks ist für den Schaden verantwortlich, wenn der Einsturz oder die Ablösung innerhalb eines Jahres nach der Beendigung seines Besitzes eintritt, es sei denn, dass er während seines Besitzes die im Verkehr erforderliche Sorgfalt beobachtet hat oder ein späterer Besitzer durch Beobachtung dieser Sorgfalt die Gefahr hätte abwenden können.
(§ 836 Abs. 2 BGB)

Lesen Sie hierzu die entsprechenden Vertragsbedingungen Ihrer Gebäudeversicherung. Besprechen Sie diesen Punkt mit Ihrem Gebäudeversicherer. Lassen Sie sich noch vor der Grundbuchänderung einen Versicherungsschutz nach § 836 Abs. 2 BGB vom Gebäudeversicherer schriftlich bestätigen.

14.4 Haus- und Grundbesitzerhaftpflichtversicherung

Bei eigengenutzten Häusern ist das Haus- und Grundbesitzerrisiko vielfach von der Privathaftpflichtversicherung gedeckt. Hier findet kein Übergang auf den Käufer statt. Details müssen mit dem Versicherer besprochen werden.

Bei bislang leerstehenden oder vermieteten Häusern geht eine bestehende Haus- und Grundbesitzerhaftpflichtversicherung auch nicht auf den Käufer über. Diese wird nach der Grundbuchänderung und Benachrichtigung des Versicherers aufgrund des Risikofortfalls aufgehoben. Eingezahlte Beiträge werden anschließend anteilig dem Verkäufer zurückerstattet.

14.5 Hausratsversicherung

Die Hausratsversicherung versichert Ihren mobilen Hausrat und verbleibt nach einem Hausverkauf beim Verkäufer. Ein Sonderkündigungsrecht wird hier üblicherweise nicht eingeräumt. Die Versicherung ist dennoch entsprechend zu informieren, damit Ihr Hausrat in Ihrer neuen Umgebung versichert bleibt.

Während einer Verkaufsphase können zeitlich begrenzte Leerstände auftreten. Längere Abwesenheiten können eine anzeigepflichtige Gefahrenerhöhung darstellen und sollten der Versicherung mitgeteilt werden. Entsprechende Klauseln findet man in den Versicherungsverträgen. Auch hier müssen Details mit dem Versicherer besprochen werden.

15 Übergabe

Bis zur Zeit der Übergabe müssen Sie den vereinbarten Zustand erhalten, d. h. Schnee fegen, notwendige Gartenarbeiten ausführen, Haus lüften usw. Das ergibt sich gewöhnlich auch aus dem Notarvertrag. Interieur, welches gem. Notarvertrag mitverkauft wurde, muss zwingend im Haus verbleiben.

Die eigentliche Grundbuchumschreibung dauert i. d. R. länger und verschiebt sich regelmäßig auf einen Zeitpunkt nach der Übergabe.

Sobald das Geld auf ein Notaranderkonto eingegangen ist, informiert Sie das Notariat entsprechend mit dem Hinweis, dass Sie nun zur Übergabe verpflichtet sind. Verzichtet der Käufer auf ein Notaranderkonto, müssen Sie den Eingang des Geldes auf Ihr Konto dem Notar unverzüglich anzeigen und die vereinbarte Übergabe vollziehen (Details siehe Notarvertrag).

Für die Übergabe verwenden Sie ein aussagekräftiges Übergabeprotokoll, z. B. eines in Anlehnung aus dem Muster-Exposé des Kapitels *Exposé*. Ein Übergabeprotokoll dient als

1. Quittung für übergebene Schlüssel und Dokumente,

2. Nachweis für die Zählerstände (Wasser, Strom, Gas …) am Übergabetag (vergessen Sie die Kommas hinter den Einerstellen nicht),

3. Datum, Uhrzeit, Namen und Unterschriften der Beteiligten (siehe Kapitel: *Exposé*).

Die Zählerstände sollten Sie zusätzlich mit Datumsstempel fotografieren (ggf. haben Sie nach der Übergabe keinen Zugang mehr zur Immobilie).

16 Beendigung von Verträgen

16.1 Abgaben-, Energie- und DSL-Verträge

Mit der erfolgten Übergabe der Immobilie kündigen Sie alle Abgaben- und Energieverträge sowie die zugehörigen SEPA-Lastschriftmandate für:

1. Abfallentsorgung
2. Grundsteuer B, Niederschlagswasser, Straßenreinigung
3. Wassergeld und Kanalbenutzungsgebühren
4. Stromlieferung
5. Gas- bzw. Fernwärmelieferung (wenn vorhanden)
6. Netzbetreiber Strom
7. Netzbetreiber Gas bzw. Fernwärme
8. Telefon, Internet, Fernsehen ...
9. ggf. weitere Dienstleistungen (Schneedienst, Gartendienst ...)

Wenn Sie den Widerruf des Lastschriftmandates mit sofortiger Wirkung aussprechen, müssen Sie den Betrag der Schlussrechnung überweisen. Legen Sie das Datum für die Wirksamkeit des Widerrufes etwa 1-2 Monate später als das Datum Ihres Kündigungsschreibens fest, so kann auch der Betrag der Schlussrechnung noch abgebucht werden. Für die Grundsteuer B sollte der Widerruf nach der letzten Abbuchung (oft der 15.11.) gelegt werden. Steuerschuldner für die Grundsteuer B für das laufende Jahr sind regelmäßig diejenigen, die am 01.01 Eigentümer waren.

Nachfolgend eine Vorlage für die Kündigungsschreiben. Bei den o. g. Gläubigern unter Nr. 3 bis 7 sind Übergabeprotokolle mit den Zählerständen beizufügen. Erkundigen Sie sich vorab beim Gläubiger, ob weitere formelle Vorschriften einzuhalten sind.

An:
Stromlieferant
Stromlieferantstr. 1
12358 Stromlieferantstadt

Von:
Verkäufer
Verkäuferstr. 1
12358 Verkäuferstadt

Ort, Datum

1) **Stromvertrag-Nr.: 123581321, Kunden-Nr. 123581321**
2) **Eigentümerwechsel des bebauten Grundstückes**
   Grundstückstr. 1
   12358 Grundstückstadt
   (Grundbuch Grundstückstadt, Blatt 1235)
3) **Widerruf SEPA-Lastschriftmandat**

Sehr geehrte Damen und Herren,

hiermit kündige ich meinen bestehenden Stromvertrag mit Ihnen zum nächstmöglichen Termin. Neue Eigentümer (s. Anlagen) des im Betreff bezeichneten Grundstückes sind seit dem TT.MM.JJJJ (Übergabe-Datum):

Frau Grundstückkäufer
Herr Grundstückkäufer
zuletzt wohnhaft
Grundstückkäuferstr. 1
12345 Grundstückkäuferstadt
(E-Mail: Grundstückskäufer@...de) *

Zugleich widerrufe ich mein Ihnen erteiltes SEPA-Lastschriftmandat beim
Finanzinstitut: Grundstückbank
IBAN: DE00 0000 0000 0000 0000 00
SWIFT-BIC: GRUNDSTUECK
zum TT.MM.JJJJ.

Ich bitte um schriftliche Bestätigung.

Mit freundlichen Grüßen

Vorname, Name, Unterschrift

Anlagen: Übergabeprotokoll mit Zählerständen
           (Grundbuchauszug: Abt. II mit Auflassungsvormerkung) *

---

*) Sofern der Käufer schriftlich eingewilligt hat.

16.2 Versicherungsverträge

Die Veräußerung (Grundbuchänderung) ist den Sachversicherungen (Gebäude-, Haus- und Grundbesitzerhaftpflicht-, Hausrat-, Glas- ...) unverzüglich anzuzeigen. Das bedeutet, dass Sie nach der Grundbuchänderung den Versicherungen auch eine entsprechende Mitteilung machen müssen. Sie können die vorangegangene Vorlage verwenden, wenn Sie den ersten Satz im eigentlichen Text weglassen.

Es ist empfehlenswert, die Sachversicherer vor der Beurkundung zu kontaktieren sowie Details (z. B. die oben beschriebenen Risiken aus § 836 Abs. 2 BGB) zu besprechen. Weitere Informationen stehen im Kapitel *Zwischen Kaufvertrag und Grundbuchänderung*.

17 Grundbucheintragung

Mit der Grundbuchänderung ist der Eigentumswechsel vollzogen. Häufig erfolgt die Grundbucheintragung Wochen bzw. Monate nach der Übergabe. Zwischen Übergabe und Grundbuchänderung sollten Abgaben-, Energie- und Internetverträge vom Verkäufer gekündigt und die Versicherungen entsprechend benachrichtigt worden sein.

Es verbleiben noch:

1. ggf. die letzten Beitragszahlungen für die Grundsteuer B
   (letzte Zahlung i. d. R. zum 15.11.),

2. die Haftung aus § 836 Abs. 2 BGB
   (bis ein Jahr nach Übergabe, versicherbar: s. o.),

3. die Haftung für von Ihnen arglistig verdeckte Mängel
   (§ 438 i. V. m. §§ 195, 199 BGB).

Verwendete Gesetze und Richtlinien

BauGB (2021)

Baugesetzbuch in der Fassung der Bekanntmachung vom 3. November 2017 (BGBl. I S. 3634), das zuletzt durch Artikel 9 des Gesetzes vom 10. September 2021 (BGBl. I S. 4147) geändert worden ist.
https://www.gesetze-im-internet.de/bbaug/

BauNVO (2021)

Baunutzungsverordnung in der Fassung der Bekanntmachung vom 21. November 2017 (BGBl. I S. 3786), die durch Artikel 2 des Gesetzes vom 14. Juni 2021 (BGBl. I S. 1802) geändert worden ist.
https://www.gesetze-im-internet.de/baunvo/

II. BV (2007)

Zweite *Berechnungsverordnung* in der Fassung der Bekanntmachung vom 12. Oktober 1990 (BGBl. I S. 2178), die zuletzt durch Artikel 78 Absatz 2 des Gesetzes vom 23. November 2007 (BGBl. I S. 2614) geändert worden ist.
http://www.gesetze-im-internet.de/bvo_2/

BeurkG (2021)

Beurkundungsgesetz vom 28. August 1969 (BGBl. I S. 1513), das zuletzt durch Artikel 23 des Gesetzes vom 5. Oktober 2021 (BGBl. I S. 4607) geändert worden ist.
https://www.gesetze-im-internet.de/beurkg/

BewG (2021):

Bewertungsgesetz in der Fassung der Bekanntmachung vom 1. Februar 1991 (BGBl. I S. 230), das zuletzt durch Artikel 2 des Gesetzes vom 16. Juli 2021 (BGBl. I S. 2931) geändert worden ist.
http://www.gesetze-im-internet.de/bewg/

BGB (2021)

Bürgerliches Gesetzbuch in der Fassung der Bekanntmachung vom 2. Januar 2002 (BGBl. I S. 42, 2909; 2003 I S. 738), das zuletzt durch Artikel 1 des Gesetzes vom 10. August 2021 (BGBl. I S. 3515) geändert worden ist.
https://www.gesetze-im-internet.de/bgb/

ERVV (2021)

Elektronischer-Rechtsverkehr-Verordnung vom 24. November 2017 (BGBl. I S. 3803), die durch Artikel 6 des Gesetzes vom 5. Oktober 2021 (BGBl. I S. 4607) geändert worden ist.
https://www.gesetze-im-internet.de/ervv/

ErbStR (2019):

Allgemeine Verwaltungsvorschrift zur Anwendung des Erbschaftsteuer- und Schenkungsteuerrechts (*Erbschaftsteuer-Richtlinien 2019* – ErbStR 2019) vom 16. Dezember 2019.
https://www.bundesfinanzministerium.de/

GEG (2020)

Gebäudeenergiegesetz vom 8. August 2020 (BGBl. I S. 1728).
https://www.gesetze-im-internet.de/geg/

GNotKG (2021)

Gerichts- und Notarkostengesetz vom 23. Juli 2013 (BGBl. I S. 2586), das zuletzt durch Artikel 47 des Gesetzes vom 10. August 2021 (BGBl. I S. 3436) geändert worden ist.
https://www.gesetze-im-internet.de/gnotkg/

GBO (2021)

Grundbuchordnung in der Fassung der Bekanntmachung vom 26. Mai 1994 (BGBl. I S. 1114), die zuletzt durch Artikel 28 des Gesetzes vom 5. Oktober 2021 (BGBl. I S. 4607) geändert worden ist.
https://www.gesetze-im-internet.de/gbo/

GrEStG (2021)

Grunderwerbsteuergesetz in der Fassung der Bekanntmachung vom 26. Februar 1997 (BGBl. I S. 418, 1804), das zuletzt durch Artikel 11 des Gesetzes vom 25. Juni 2021 (BGBl. I S. 2056) geändert worden ist.
https://www.gesetze-im-internet.de/grestg_1983/

ImmoWertV (2021)

Verordnung über die Grundsätze für die Ermittlung der Verkehrswerte von Immobilien und der für die Wertermittlung erforderlichen Daten (*Immobilienwertermittlungsverordnung* – ImmoWertV) vom 14. Juli 2021 (BGBl. I S. 2805).
https://www.bgbl.de

ImmoWertA (2021) Entwurf der *Muster-Anwendungshinweise zur Immobili-enwertermittlungsverordnung* (ImmoWertV-Anwen-dungshinweise – ImmoWertA) vom 1. Februar 2021. Veröffentlichung voraussichtlich 2022. https://www.bmi.bund.de/.

VVG (2021) *Versicherungsvertragsgesetz* vom 23. November 2007 (BGBl. I S. 2631), das zuletzt durch Artikel 4 des Geset-zes vom 11. Juli 2021 (BGBl. I S. 2754) geändert wor-den ist. https://www.gesetze-im-internet.de/vvg_2008/

WoFlV (2003) *Wohnflächenverordnung* vom 25. November 2003 (BGBl. I S. 2346). https://www.gesetze-im-internet.de/woflv/

Verwendete Websites

im Oktober 2021:

Bodenrichtwerte:
  https://www.bodenrichtwerte-boris.de/

Gesetze:
  https://www.bgbl.de
  https://www.bmi.bund.de/
  https://www.bundesfinanzministerium.de/
  https://www.gesetze-im-internet.de/

Gerichtsurteile:
  https://dejure.org

Preisentwicklung:
  https://www.bbsr.bund.de/
  https://www.destatis.de/

Sachverständige:
  https://www.bvs-ev.de/

Videotelefonie:
  https://meet.jit.si

Virtuelle Rundgänge:
  https://www.marzipano.net/

Zwangsversteigerungen:
  http://www.zvg-portal.de/